CÉSAR ORSINI

L'ALLIANCE LATINE

> Je préfère une France forte et puissante, même avec la monarchie, à une république traînant dans les ruines de la patrie.
>
> Pascal Duprat.

PARIS
AMYOT, LIBRAIRE ÉDITEUR
8, RUE DE LA PAIX, 8
—
MDCCCLXXI

L'ALLIANCE LATINE

Paris — Imprimerie E. DE SOYE et fils, place du Panthéon, 5

CÉSAR ORSINI

L'ALLIANCE LATINE

> Je préfère une France forte et puissante,
> même avec la monarchie, à une république
> trainant dans les ruines de la patrie.
>
> Pascal Duprat.

PARIS
AMYOT, LIBRAIRE ÉDITEUR
8, RUE DE LA PAIX, 8

MDCCCLXXI

PREMIÈRE PARTIE.

LA CRISE.

L'équilibre européen !

Deux mots qui ont été bien fatals à la France.

Qu'est-ce donc que ce fameux équilibre européen ?

Selon les hommes de la vieille politique française, c'est la France grande, forte, puissante, au milieu d'États petits et impuissants; c'est la négation du droit des nationalités dont la France est la manifestation la plus complète; c'est enfin la plus grande injustice, puisque cet équilibre européen prétendu établit deux droits : un droit pour la France, un droit pour les autres pays.

La France fut, à une époque, la terre bénie, la grande rédemptrice acclamée par les peuples opprimés. Mais en dépouillant ce caractère glorieux puisé aux sources vives de 1789, pour se transformer en gendarme des nations, elle perdit la partie la plus saine de son prestige.

Ce prestige, peut-elle le recouvrer encore dans son intégrité?

Oui, si elle se débarrasse des préjugés et des superstitions politiques dont elle est imbue depuis trente ans.

Une nation qui se croit prédestinée par la Providence est aussi dangereuse pour les autres nations qu'un César, soi-disant providentiel, l'est pour un peuple.

Que la France, sans vanité, avec la conscience de sa force et de ses faiblesses, jette un regard sur son passé; et si elle parvient à se convaincre qu'elle aussi a commis des fautes, qu'elle aussi a approuvé et signé des injustices, et que les Français ne sont, après tout, que de simples mortels comme les autres hommes; ce jour-là, elle reviendra ce qu'elle n'aurait jamais dû cesser d'être, le flambeau du monde.

Un grand mouvement se fit en 1848. Comme toujours, chaque fois que le peuple français s'impatiente, tous les trônes tremblent, et en 1848 ils tremblèrent sérieusement.

Pourquoi donc n'est-il pas arrivé la même chose en 1870?

C'est que le 4 septembre ne fut malheureusement autre chose que la conséquence presque irréparable d'un désastre national; c'est que la France de 1848 s'était fait aimer et estimer partout, tandis que le gouvernement qui tombait le 4 septembre n'avait pour lui ni l'amour des peuples ni l'estime des rois.

Depuis l'expédition romaine de 1849 jusqu'au Mexique et à Mentana, on peut dire que la politique française à l'extérieur n'a été qu'une série de fautes.

Si l'expédition de Rome eut pour but nécessaire à la politique impériale de lui assurer l'appui du parti catholique à l'intérieur, le Mexique et Mentana furent la plus grande faute comme politique extérieure.

Je sais bien que les routiniers de la vieille politique m'objecteront que l'Italie ayant été la première à violer les traités de septembre, la France était dans son droit en essayant ses chassepots sur de pauvres enfants qui débutaient dans la vie sous l'inspiration du saint amour de la patrie.

A cela je réponds que tout traité qui n'est pas basé sur le droit et la justice est rompu d'avance, et que les conditions imposées par la force ne sont pas acceptées, mais subies.

Il ne faut pas avoir deux poids et deux mesures; il faut être juste. De la même manière qu'au nom du libre consentement, base des nationalités, les Italiens ont déchiré la convention imposée de septembre, de même ceux qui leur reprochent cet acte n'attendent que l'occasion de déchirer le traité de Francfort.

Je ne sais pas quel a pu être le mauvais génie qui a inspiré une politique si opposée à celle de 1859.

La généreuse alliance française, qui fut le signal de la résurrection italienne, aurait dû être, si on avait eu le bon sens de la suivre sans interruption, le commencement de cette alliance latine qui aurait fait trembler les ennemis de la France.

Oui, c'est à l'alliance française que nous autres Italiens devons l'aurore de notre indépendance. Malheureusement, dans cette page, une des plus belles de l'histoire française, il y a un point noir : Villafranca ! Par maladresse ou par impuissance, on s'arrêta à mi-chemin vers l'Adriatique, en exigeant toutefois l'entière *rectification* des frontières et l'accomplissement de la convention de Plombières.

Quelque temps après, le gouvernement français fit son prix pour l'annexion des États méridionaux de Naples et de la Sicile. Ce prix était la cession de la Sardaigne ; et à cette époque on crut même qu'une partie de la Ligurie courait un grand danger.

Ces exigences, à aucun point de vue justifiables, n'étaient pas faites pour accroître l'attachement de l'Italie à la France ; chaque jour était marqué par une nouvelle humiliation infligée à l'indépendance italienne, et pendant cinq ans l'organisation du brigandage bourbonnien contre les provinces méridionales de l'Italie se couvrit du drapeau français.

Deux monstres à faire prendre Troppmann en pitié, les frères Lagalla, brigands au service de Sa Majesté François II, furent protégés par le gouvernement impérial, qui imposa au gouvernement italien la grâce de la vie pour ces deux misérables, condamnés par tous les tribunaux italiens.

Un ministre des finances, Scialoja, voulut conclure un emprunt de cinq cent millions, garanti par des titres hypothécaires sur les biens ecclésiastiques ; le gouvernement impérial s'y opposa formellement, menaçant de ne pas permettre qu'un tel emprunt fût coté à la bourse de Paris... Triste fruit de l'influence cléricale !

Enfin, jamais une heure d'indépendance, sans cesse l'humiliante tutelle du gouvernement français, dont l'intolérante et injuste conduite, surtout dans la question romaine, a fini par élever une barrière entre deux peuples qui doivent un jour, *il le faut*, se donner étroitement la main.

La mauvaise politique suivie envers l'Italie, le mépris dans lequel on l'enveloppait avec l'Espagne, les plaisanteries généralement de très-mauvais goût que certains écrivains se permettaient contre les deux pays latins, les attaques injustes dont ils étaient et sont encore l'objet de la part d'une presse qui croit aveuglément que la grandeur de la France consiste dans l'humiliation et le mépris de tout ce qui n'est pas français, ont beaucoup contribué à fourvoyer l'opinion publique des trois pays, qui auraient dû oublier leurs vieilles rancunes et répondre par une union fraternelle aux grandes agglomérations slaves et germaniques qui se formaient en Europe.

Si, par crainte de la république française, en 1848, l'Italie monarchique prononça son fameux mot :

L'Italia fara da se!

Et fit rire ses ennemis ;

La France fara da se, qui a été la pensée secrète de tous les gouvernements français depuis des siècles, a fait couler bien du sang et bien des larmes et a été la cause de tous les malheurs qui ont opprimé la France.

Quelques DILETTANTI de la politique, avec plus de légèreté que de savoir, et pour se donner l'air d'appartenir à l'école du nouveau sauveur de la France, disent que l'unité de l'Italie a été la cause de l'unité allemande, et que ces deux unités ont amené la chute de la France.

Erreur !

C'est la France qui, par son unité, par la force et la vitalité qui en découlent, a inspiré d'abord l'unité de l'Italie et de l'Allemagne ; c'est la France qui, par ses œuvres politiques, littéraires et artistiques, a toujours consacré comme le plus saint des droits le droit des nationalités. Et si les gouvernements qui se sont succédé dans ce pays, sous le prétexte de faire de la haute politique et de maintenir le trop fameux équilibre européen, ont refusé aux autres nationalités les droits dont la France était l'expression la plus parfaite, ils n'étaient pas dignes de la représenter, puisqu'ils n'en savaient pas interpréter les nobles sentiments; car le même droit qu'a la France d'être forte et puissante parce qu'elle est unie, l'ont aussi l'Italie et l'Allemagne, pour cesser d'être faibles.

Si la France a été battue, c'est qu'elle a marché contre un droit qui est sa base nationale même; c'est qu'elle n'est réellement forte et invincible que lorsqu'elle parle au nom de la vérité et de la justice. Alors elle n'a rien à craindre; elle est suivie, aidée, soutenue par tous les peuples dont elle s'est faite tant de fois le champion.

Mais lorsqu'elle tombe dans la politique des calculs mesquins et intéressés; lorsqu'elle veut s'agrandir sur les ruines des autres en établissant un droit français et un droit étranger; lorsque, pour inciter son peuple à une guerre injuste, elle en est réduite à inventer ou à controuver des faits diplomatiques ou militaires: oh! ce jour-là, la France est condamnée; elle n'a plus dans les mains le drapeau du droit et de la justice, ce palladium qu'on était habitué à lui voir porter si haut et si ferme; elle reste abandonnée à elle-même et elle succombe.

*
* *

Il n'y a sortes d'injures proférées par des journalistes de Paris contre l'Italie : c'est une courtisane servile et audacieuse, un monstre d'ingratitude et de félonie, etc.

Eh bien, non, messieurs, mille fois non! Vos injures contre l'Italie, je les comprends; elles ont leur source naturelle dans l'aigreur où vous ont jetés les malheurs persistants de votre patrie. Mais je vous le dis, l'Italie n'a été ni ingrate ni félonne; elle n'a été qu'impuissante, parce que votre politique *tutélaire* l'avait rendue telle; elle a été logique, car elle n'a pas voulu prêter la main à une politique qui était dès le début en contradiction avec le droit d'indépendance nationale dont elle a fait sa ligne de conduite envers les autres peuples. Et ne m'objectez pas que l'Italie a profité de vos désastres pour aller à Rome. Je vous répondrai que si l'Italie est allée à Rome, c'est que vous-mêmes, en proclamant la république le 4 septembre, vous aviez donné le signal de la révolution à l'Europe. Le gouvernement italien s'est vu dans l'alternative ou d'être renversé ou de donner satisfaction au droit national en occupant Rome malgré la convention de septembre, imposée d'ailleurs par celui que vous veniez de détrôner.

Bien plus, l'Italie se sentait entraînée sympatiquement du côté de la France, et peut-être cette sympathie se serait traduite en résultats effectifs, si la fausse et indigne politique anglaise n'en eût comprimé l'éclosion.

Ingrate et félonne, l'était-elle encore quand elle repoussait avec dédain l'offre de faire de la question de Nice une condition de la paix? Elle peut être fière de sa conduite en cette circonstance, car elle avait en sa faveur les vœux des populations niçoises, qui ne veulent pas continuer à être victimes de la mystification plébiscitaire de 1860.

Et à ce sujet je ferai remarquer que des hommes éminents de la politique française se sont mis en contradiction avec eux-mêmes en faussant complétement dans leur esprit les principes du droit.

En effet, on entend généralement condamner les plébiscites impériaux, on dit qu'ils ont été imposés par les juges, les préfets, les curés, les gendarmes, etc., etc., et un des premiers actes de l'Assemblée nationale, en proclamant la déchéance de la famille impériale, fut d'annuler par là même les deux plébiscites qui en avaient consolidé le pouvoir.

Or les Niçois, qui ont la prétention d'être des hommes comme les autres, voudraient obtenir la révision du plébiscite également impérial de 1860, par lequel, disent-ils, ils ne sauraient continuer à être engagés, après que l'Assemblée a donné l'exemple. C'est de la logique pure.

Mais MM. Thiers et Dufaure, et même quelques cosmopolites de l'Internationale, chauvins quand même, ne l'entendent pas ainsi, et, mettant sur une même ligne les séparatistes de Nice et les pétroleurs de la Commune, enveloppent dans la même condamnation Nice et l'Internationale.

Mauvais système, messieurs !... Deux droits et deux justices, deux poids et deux mesures ne feront qu'augmenter le nombre des ennemis de la France sans lui rendre sa vraie grandeur et sa naturelle puissance.

La France, qui, de par le CONSENTEMENT, sa base nationale, réclamera chaque jour, par tous les moyens possibles, la restitution des départements qui lui ont été arrachés, devrait comprendre qu'elle serait bien plus forte en reconnaissant les droits des Niçois, même au risque de voir diminuer sa population de cent et quelques mille habitants, qu'en les gardant par la force, qui tôt ou tard doit céder au droit; ce qui serait, je le répète, la négation absolue de la nationalité française.

Enfin, ingrate et félonne, l'Italie l'était-elle davantage lorsque, au mois de février dernier, Turin, Milan, Bologne et autres de ses grandes villes supprimaient les fêtes du carnaval et en consacraient l'argent à secourir les blessés de la France? Contre de pareils sentiments, que peuvent l'insulte et la calomnie?

J'ajouterai que de tous les pays de l'Europe,

c'est encore l'Italie qui a su trouver dans son sein un groupe assez considérable de jeunes hommes pour constituer une petite armée de volontaires commandée par des chefs dont les opinions politiques peuvent être discutées, mais dont l'honorabilité, le courage et le désintéressement ne sauraient été mis en doute, non plus que leur dévouement à la cause française.

Un vieillard qui a su rester pauvre et honnête après avoir pu disposer d'un royaume, vint en France avec ses enfants, son seul bien, pour combattre l'invasion prussienne.

Il la combattit courageusement, loyalement, et, sa tâche remplie, il s'en revint comme il était venu, c'est-à-dire pauvre, selon son habitude. Mais quelle récompense pour son cœur lorsque, se présentant un jour, à Bordeaux, dans une assemblée française, il ne se heurte de tous côtés qu'à des regards hostiles ou indifférents! Pas une main ne s'ouvrit pour serrer la main loyale du vieillard qui, dédaigneux de son âge et d'une santé chancelante, venait d'user ses dernières forces au service de la France.

Cette conduite de l'Assemblée à l'égard de **Garibaldi** provoque une comparaison fâcheuse entre la France d'autrefois et celle d'aujourd'hui, et qui n'est pas à l'avantage de cette dernière. Car l'Assemblée, dans cette circonstance, oublia toutes les traditions françaises; elle ne respecta pas les droits de l'hospitalité, elle ne fut ni généreuse ni polie.

Passe pour l'ingratitude quand elle gît dans l'impuissance de s'acquitter et qu'elle est en quelque sorte avouée. Mais argumenter de ce qu'un peu d'écume était montée à la surface, dans l'armée improvisée et en ébullition du général italien, pour nier les services que rendit la partie saine de cette armée, jusqu'aux dernières journées de Dijon, contre des forces ennemies toujours supérieures en nombre, est-ce là le fait d'hommes graves? La statistique des champs de bataille est là, d'ailleurs, pour dire que les garibaldiens si décriés ont payé de leur vie, par centaines, leur dévouement à la cause française.

Garibaldi sortit de l'Assemblée, et le bataillon de la garde nationale de service aux abords lui rendit les honneurs dus aux généraux.

M. Thiers ne l'entendait pas ainsi; mais il avait oublié de donner le mot d'ordre.

Furieux, il demande au commandant de ce bataillon pourquoi il a fait présenter les armes à Garibaldi.

« D'abord parce que c'est Garibaldi, répondit le commandant;

« Ensuite parce que c'est un général au service de la France;

« Enfin parce qu'il est le seul à qui on doit la prise d'un drapeau sur les Prussiens. »

A partir de ce jour, M. Thiers confia le service de l'Assemblée à l'armée régulière. Cela se comprend.

De Failly ou Niel, comme quelques-uns le prétendent, dit un jour : « Les chassepots ont fait merveille. »

Ils firent merveille en effet; car ce jour-là l'Italie s'éloigna de la France.

Jamais! s'écria M. Rouher dans la question romaine.

Jamais! répliqua à son tour le peuple italien dans la question entre la France et l'Allemagne.

« Attendons et nous verrons », dit M. Thiers.

Devise d'une politique expectante lorsqu'il ne devrait y avoir que de la politique agissante. Mauvaise politique, car elle est celle qui attend de l'avenir des alliances problématiques et incompatibles, et néglige dans le présent les alliances naturelles et sympathiques, comme seraient celles de l'Italie et de l'Espagne pour la France.

La France peut se fier à l'Italie, malgré l'apparence d'ingratitude de celle-ci; ingratitude qui ne gît en réalité que dans les agissements stricts d'une défense légitime.

Il ne serait pas trop tôt cependant de cesser de croire à l'ingratitude de l'Italie. Quelle reconnaissance exige-t-on de nous en définitive? Est-ce notre reconnaissance pour l'expédition de 1849 contre la république romaine? Si cette expédition n'avait pas eu lieu, peut-être que l'Italie méridionale en insurrection, les États pontificaux et la Toscane eussent arrêté la marche des Autrichiens et préparé un avenir différent à l'Italie. L'expédition française de 1849 fut le coup de grâce porté à l'indépendance de l'Italie. Et si l'on objecte que les *expéditions romaines* furent d'initiative présidentielle et impériale, et que la France n'en saurait être responsable, on peut très-ouvertement affirmer, en réponse, que la guerre de 1859 en faveur de l'Italie fut *exclusivement* d'initiative impériale. Je me souviens que Cavour me dit ces propres paroles :

« Ne croyez pas que cette guerre soit populaire en France. On nous appelle déjà brigands parce que nous avons donné à Garibaldi le commandement des volontaires. »

Tous ceux qui parlent de l'ingratitude de l'Italie ne voient que les résultats obtenus jusqu'aujourd'hui, sans se demander s'ils ne sont pas le fait du gouvernement français. Qu'on se rappelle en effet les agissements du prince Napoléon à Florence et la mission confiée à M. Reizet pour lui procurer le trône de l'Italie centrale. L'Italie méridionale elle-même fut pendant plusieurs années l'objectif d'une restauration muratiste. Était-ce là une politique désintéressée qui dût nous enchaîner par une éternelle reconnaissance? Nous reconnaissons et nous reconnaîtrons toujours ce que nous devons à la généreuse alliance française; mais, en somme, les Italiens ont été aussi pour quelque chose dans leur délivrance. Depuis Victor-Emmanuel et Cavour jusqu'à Mazzini et Garibaldi, depuis l'aristocratie la plus ancienne jusqu'au peuple le plus indiscipliné, nous n'avons eu tous qu'une pensée au cœur, la patrie; et, en fin de compte; nous sommes parvenus, par la force de ce sentiment, à déjouer les ingérences peu gratuites dans nos affaires du gouvernement impérial. C'était notre droit, non de l'ingratitude.

Et à ce sujet je rapporterai une anecdote qui me fut contée à Corrientes, dans la république Argentine.

Un bon père de famille se baignait. Pris d'un mal subit, il allait se noyer quand un homme vigoureux et hardi se jette résolûment à l'eau et le sauve au péril de sa vie. Reconnaissant envers son sauveur, il l'admet dans son intimité, le choie, le caresse; tout est mis à sa discrétion.

D'abord tout alla bien entre le père de famille et son nouvel ami. Mais bientôt celui-ci s'avise de donner des conseils. Passe pour des conseils ! Mais voilà qu'un jour il dit : « Je veux. » Non content, le voilà encore qui menace et qui en arrive enfin à battre celui qu'il avait sauvé. Le pauvre battu voulut d'abord, en considération du service rendu, prendre sur lui de se résigner; mais lorsqu'il vit que son sauveur, non content des humiliations qu'il lui infligeait, des coups qu'il lui donnait, se préparait de plus à disposer de la vie même de sa famille, oh ! alors il regretta amèrement d'avoir été sauvé à un prix si onéreux, et, croyant avoir payé sa dette, il rejeta son ancien ami et prit lui-même le gouvernement de sa maison.

Et il eut raison.

*
* *

La dernière discussion sur les pétitions des évêques a mis à découvert les intentions de la majorité à l'égard de l'Italie. Si les députés qui ont parlé et soutenu la proposition avaient eu quelques notions élémentaires de politique, il est probable qu'ils auraient agi autrement ; car rien n'était moins politique, dans la situation actuelle de la France, qu'une attaque directe contre l'Italie en faveur de Rome papale. Cependant il faut rendre justice à ces messieurs ; ils sont inspirés du zèle catholique le plus pur, et ils le prouvent par leur abnégation qui va jusqu'à permettre la publication de leurs discours.

Mais si la question romaine a produit en France une éloquence *sui generis* presque comique, elle a donné des résultats à peu près semblables en Italie : M. X..., ancien exilé romain, a écrit une brochure où, après avoir passé en revue tous les rois, empereurs et papes, après avoir mis dans chaque ligne un Louis, deux Charles et trois Henri, il finit par conclure « qu'à Rome bat le cœur de l'univers. »

Très-mal, M. X... Ne commençons pas à nous croire, nous aussi, supérieurs aux autres. Il n'y a qu'un droit pour tous. A Rome ne bat pas plus le cœur de l'univers qu'il ne bat à Paris ou à Berlin.

A Rome bat le cœur des Italiens, à Paris le cœur des Français, à Berlin le cœur des Prussiens... Ne nous faisons pas plus que nous ne sommes, si nous voulons mériter les sympathies des autres nations; laissons les phrases creuses de côté, et tâchons même de faire oublier les anciennes conquêtes de nos pères, conquêtes qui, à une époque de barbarie, ont pu être profitables; mais qui, ayant été acquises par la force, ont laissé derrière elles des traces sanglantes.

Nous ne devons avoir d'autre but que de faire triompher le droit et la justice partout. Comme, pour y arriver, il faut une entente cordiale et sincère parmi les nations, commençons par les trois branches de la famille latine, et l'humanité nous en saura gré dans l'avenir.

Cette pensée de l'alliance latine préoccupait déjà les deux gouvernements de la France et de l'Italie après la brillante campagne de 1859.

Restait l'Espagne, que le gouvernement des Bourbons laissait peu d'espoir d'entraîner dans la même politique. Toutefois on chargea le comte P... et M. M..., journaliste, d'explorer le pays et d'en étudier secrètement les conditions politiques. Mais soit que cette mission eût été mal remplie, soit que l'opposition chauvine et cléricale commençât à troubler les bons rapports de la France avec l'Italie, le projet d'alliance n'eut pas de suite.

On peut dire que depuis cette époque la politique française vis-à-vis de l'Espagne et de l'Italie a été inspirée d'un mauvais génie.

Quelques mois après Sadowa, je rencontrais le général Prim à Bruxelles; je lui communiquai mes impressions sur le dénoûment imprévu de la campagne de 1866, en lui faisant remarquer qu'il aurait été indispensable, devant la grande agglomération allemande qui était en voie de formation, de resserrer de plus en plus les liens des trois branches latines pour parer à toute éventualité.

« Vous avez raison, me répondit-il; mais le gouvernement français nous est bien hostile. Vous pouvez être certain que tout en ayant l'air de ne pas se mêler des affaires d'Espagne, il s'opposera à toute solution qui ne cadrera pas avec ses vues politiques. Ces vues, je les connais et je ne les suivrai jamais. »

Je lui dis alors que la possibilité d'une entente avec le gouvernement italien aurait été très-facile; car, en admettant que l'Europe monarchique mît tout en jeu pour faire avorter la république en Espagne, le prince Amédée de Savoie présentait une candidature très-acceptable et très-sympathique; et il y avait lieu dès lors d'espérer qu'une union étroite de l'Espagne et de l'Italie eût fait quelque peu réfléchir le gouvernement français et l'aurait amené probablement à suivre une politique plus conforme à ces mêmes intérêts, en donnant surtout une solution équitable à la question romaine.

« Je n'ai pas à vous répondre, me répliqua le général, sur le candidat que vous proposez au trône d'Espagne. Je crois la république impossible et la famille des Bourbons aussi ; j'ai en grande estime la maison de Savoie ; mais il est inutile d'en parler, parce qu'elle est trop dépendante de la politique napoléonienne et de l'empereur. Si la candidature du prince Amédée était proposée et acceptée, l'empereur en ferait peut-être un *casus belli*.

— Mais alors, lui dis-je, l'Allemagne en profitera.

— Je le sais ; mais l'empereur suit aveuglément la mauvaise politique traditionnelle de tous les gouvernements qui l'ont précédé, et l'on pourrait dire que, de la manière dont il agit envers nous, il ne connaît pas le moins du monde les progrès politiques qui se sont opérés dans notre pays. Quant à l'Espagne, elle sait parfaitement bien ce qu'elle veut : elle veut l'ordre et la liberté, la liberté surtout, pour laquelle elle a fait les plus grands sacrifices. »

Tel était le jugement du général Prim. Il voyait l'horizon menaçant après Sadowa, et il désirait, lui aussi, conjurer l'orage. Mais le gouvernement français lui répondit toujours :

« Vous n'êtes pas les maîtres chez vous ; vous ne devez pas fonder la république ni accepter d'autre candidat que celui qu'il me plaira de vous laisser accepter. »

La même pression fut exercée sur le gouvernement italien, et le ministère Ménabréa dut s'opposer à la candidature d'un prince de la maison de Savoie, de sorte que Prim, en désespoir de cause, et pour sortir d'un provisoire qui menaçait de mettre le feu aux quatre coins de l'Espagne, fut obligé de se jeter dans les bras du plus fort et d'offrir la candidature à Hohenzollern.

Tout le monde connaît les conséquences funestes de cet imbroglio politique provoqué par cette manie injustifiable et inepte des derniers jours de l'empire, qui voulait, coûte que coûte, se mêler toujours des affaires des autres, et, comme s'il eût été inspiré par son plus mortel ennemi, agissait toujours contre ses propres intérêts.

La France, isolée au moment où elle avait le plus besoin d'amis, trouva l'Italie et l'Espagne non-seulement impuissantes, mais presque mal disposées à son égard.

Il faut absolument que les Français se hâtent de redevenir ce qu'ils étaient; car aujourd'hui on dirait, en vérité, qu'il y a dans la nation une éclipse presque totale du sentiment de la justice.

En voici une preuve.

Quelques hommes politiques d'une certaine importance se trouvaient réunis un jour sur la place de la Comédie à Bordeaux; ils étaient tous très-modérés et très-conservateurs; ils flétrissaient avec des mots sanglants toutes les illégalités des *révolutionnaires,* comme ils les appelaient; ils parlaient, avec des phrases sonores, du respect aux lois, de la morale publique et d'autres choses encore.

Une personne s'approcha du groupe, dont je faisais partie, et dit :

« Savez-vous la grande nouvelle?

— Non. Dites vite.

— Je sors des bureaux de *la Liberté,* où l'on m'a assuré qu'un télégramme annonce l'assassinat du roi Amédée à Madrid.

— Est-ce possible?

— C'est la nouvelle.

— Si elle est vraie, m'écriai-je, ce serait dommage, car le roi Amédée était un excellent et loyal caractère.

— Quoi! me dit l'un d'eux, vous êtes républicain et vous défendez les rois?

— C'est précisément parce que je suis républicain et juste vis-à-vis de mes adversaires politiques, que je reconnais les bonnes qualités où je les trouve. Faites-en autant, vous qui depuis une heure semblez avoir pris à tâche de dénigrer les hommes qui, depuis trois mois, malgré vos sarcasmes, soutiennent à la face du monde l'honneur et la dignité de la France. Pour moi, je regrette, si la nouvelle est vraie, la mort d'un jeune homme que j'ai appris à aimer et à estimer comme citoyen, non comme roi.

— Oui...; mais c'est sa faute, me répondit le chœur de ces graves moralistes. Pourquoi aller en Espagne? Que diable allait-il faire dans cette galère?... Les Espagnols sont bien plus forts, bien plus pratiques que nous, etc... »

Enfin, peu s'en fallut qu'ils ne fissent l'apologie d'un acte que dans toute autre circonstance peut-être ils n'auraient pas trouvé de mots assez forts pour flétrir.

Question d'écart entre la politique dont il s'agissait et la politique française. Cette politique étrangère était bonne; elle avait réussi; mais elle avait le tort impardonnable de n'être pas française. Amédée venait de l'expier par sa mort; c'était justice. Oh! s'il s'était agi de Montpensier ou de tout autre prince français, c'était bien différent. Le prince rentrait dans la ligne politique, et son meurtre eût été le plus abominable des forfaits!

Mais la nouvelle était controuvée.

Aujourd'hui encore, la presse française accueille avec complaisance tout ce qui, vrai ou faux, peut nuire à la situation d'Amédée en Espagne, qui, malgré les inventions d'un chauvinisme aussi ridicule que dangereux, a toutes les qualités propres à faire le bonheur du peuple espagnol et à guider dans la bonne voie une nation dont la loyauté et la générosité traditionnelles doivent être respectées par tous les hommes de cœur.

* * *

Il ne faut pas croire que pour déterminer un changement général dans la politique, il suffise que la diplomatie le décrète ainsi. Il n'y a pas plus de coups de main en politique que dans les mœurs.

Il faut par le journalisme, la tribune, les livres, par tous les moyens de propagande possibles, arriver à convaincre les peuples des trois branches latines que leur alliance est indispensable pour le bien de chacune d'elles; il faut les convaincre que leur force, leur puissance, le développement de leurs innombrables ressources ne peuvent être le fruit que de leur étroite solidarité. Par là, et par là seulement, trouvant leur sécurité dans la force de leur union, elles pourront inaugurer ce qui jusqu'à présent n'a été qu'un rêve : l'ère de la paix et des progrès véritables.

La vraie diplomatie est celle qui simplifie les questions. Y a-t-il une combinaison plus simple, plus logique que l'alliance de la France, de l'Espagne, du Portugal et de l'Italie? Elle crève les yeux, et personne ne peut la voir, pas plus les monarchistes que les républicains, les diplomates que les militaires. Il semble que la France, habituée à défier l'impossible — ce qui quelquefois lui a réussi, mais ce qui le plus souvent lui a été fatal, — songe encore aujourd'hui, dans la position la plus désastreuse où elle se soit jamais trouvée, à se relever seule comme Ajax contre tous les dieux réunis. C'est beau, c'est dramatique; mais c'est le suicide.

Sa première faute, après Sedan, fut de se proclamer républicaine; c'était le moment où elle avait le plus besoin de l'appui de l'étranger, et c'est le moment qu'elle choisit pour s'aliéner toutes les cours de l'Europe par la forme de son gouvernement. Mais le peuple de Paris était convaincu, et les meneurs caressaient cette conviction, que ce grand mot *république* était un talisman devant lequel les armées ennemies devaient disparaître comme des fétus sous un souffle d'orage. Il entonna la *Marseillaise* et crut que cela suffisait.

Les partis monarchiques, sans s'abuser sur la force du nouveau gouvernement, n'en appuyèrent pas moins le mouvement populaire. Le salut était peut-être dans cet élan enthousiaste de toute une nation. Mais, hélas! les hommes qui prirent le timon des affaires ne surent être ni révolutionnaires ni diplomates; et les forces de la nation furent gaspillées en pure perte.

Si les hommes du 4 septembre, au lieu de se laisser entraîner par le courant populaire, qui ne raisonne pas, avaient su le dominer et éviter la proclamation de la république, ils auraient rendu un grand service à leur pays, qui n'aurait pas été d'un coup isolé; isolement qui s'explique par la crainte qu'avaient les gouvernements monarchiques de l'Europe de voir triompher une république qui, devenant révolutionnaire, aurait porté l'insurrection chez eux.

Au moins il eût fallu être franchement révolutionnaire et tenter les chances d'une situation terrible; une république révolutionnaire à l'intérieur, révolutionnaire à l'étranger, aurait eu beaucoup de chances de succès.

Mais les grands hommes qui dirigeaient la France reculèrent dans cette voie et aboutirent à un compromis qui n'avait pas d'issue.

Une, deux députations, d'autres dans la suite, du parti républicain d'Espagne, entrèrent plusieurs fois en pourparler avec des hommes très-haut placés dans le gouvernement du 4 septembre, qui leur répondirent invariablement qu'ils préféraient une note de la diplomatie russe à toutes leurs révolutions. Mais la Russie non plus n'aimait pas les révolutions, et elle resta sourde aux avances de la république française.

Depuis le 4 septembre jusqu'au 22 mai, on dirait que la France, cette terre promise de l'intelligence, a été le turf d'un *steeple-chase* de la bêtise humaine.

Parmi les fautes qui ont le plus nui à ce pays, il faut citer la mesure prise par le ministre des affaires étrangères, qui ordonna formellement à M. de Chaudordy, délégué à Tours et à Bordeaux, de ne rien changer absolument au personnel diplomatique et consulaire. Il s'ensuivit que la France républicaine continua, dans des pays républicains comme les États-Unis, à être représentée par des hommes de l'empire, dont les sentiments à l'égard du nouveau gouvernement ne pouvaient être douteux.

J'étais, à cette époque, à New-York. On ne peut se faire une idée de l'enthousiasme patriotique dont était animée la population française de l'Amérique:

Sans distinction d'opinions, depuis le millionnaire jusqu'à la pauvre servante, c'était à qui, parmi les Français, ferait preuve d'un dévouement qui, s'il se fût manifesté au même degré en France, n'eût permis, je le crois, qu'à un bien petit nombre de Prussiens de retourner en Allemagne. Et il s'agissait là d'un dévouement de bon aloi, sans fausse chaleur, sans *humbug*, animé de l'enthousiasme de la foi.

Deux comités furent formés : un pour les secours aux victimes de la guerre, avec M. Gerdy pour président et M. Vatable pour secrétaire, —

c'était le comité le plus riche, en rapport avec ce que la population française appelle la riche bourgeoisie ; — l'autre, dit comité de la défense nationale, composé spécialement d'ouvriers, tous d'opinions républicaines très-avancées, et ayant pour président M. Claude Pelletier, représentant du peuple en 1848, et pour secrétaire le professeur Villa.

Ce que ces deux comités ont fait dans des proportions différentes, mais avec le même zèle et le même dévouement, est vraiment incroyable. S'ils eussent dû faire partir tous ceux qui se présentaient pour se rendre en France combattre l'invasion prussienne, il ne serait plus resté en Amérique que les femmes seules, et cela même n'est pas sûr.

Mais il semblait écrit que la France infortunée boirait son calice d'amertume jusqu'à la lie.

Aux États-Unis, au sein même de cette population si exemplaire, si généreuse, si française enfin, il se trouva un misérable pour paralyser les efforts de ses compatriotes et donner le spectacle d'un haut fonctionnaire français qui trahit son pays sous les yeux même de la nombreuse population allemande établie en Amérique.

Il m'est triste d'avoir à publier de certaines choses. Je suis étranger, mais j'aime la France ; et si je prends sur moi de lui dire toute la vérité, c'est que je crois remplir un devoir en la mettant en garde pour l'avenir.

Les souscriptions des Français aux États-Unis s'élevèrent à un chiffre considérable, un million ou un million et demi. Mais tandis que l'humble ouvrier français prenait sur son travail de chaque jour, je l'ai vu de mes yeux, pour envoyer au comité de la défense nationale, le consul de France à New-York, M. Place, par des manœuvres indignes, faisait perdre à son pays presque autant que toutes les souscriptions réunies.

Voilà le fruit des instructions données à M. de Chaudordy par M. Jules Favre.

Toutefois, pour rendre hommage à la vérité, je dois dire qu'ayant été chargé par quelques personnes très-respectables de rendre compte aux membres de la délégation de ce qui se passait à New-York, je fus, sur les soupçons conçus déjà contre le consul, accueilli, écouté, aidé par M. Crémieux et M. Ranc. Quant à M. de Chaudordy, il se montra très-empressé à faire justice contre l'agent prévaricateur : avec une énergie et une intelligence qui prouvaient l'intérêt éclairé qu'il portait à la dignité de son pays, il nomma immédiatement consul général de France à New-York M. Ernest Caylus, ancien préfet de la Dordogne.

Cette nomination fut signée le 3 janvier; mais, par une de ces intrigues inexplicables, elle demeura sans résultat. M. de Chaudordy fut prié par M. Crémieux de ne pas changer immédiatement M. Place, sous le prétexte que ce changement auait nui à une opération en voie de conclusion. uelle était cette opération ? Je pense que M. Crémieux n'en savait rien lui-même et qu'il fut dupe 'une mystification. Toujours est-il que M. Place ontinua son vilain métier jusqu'au jour où il fut appelé par la commission d'enquête de l'Assemlée nationale.

La politique suivie par l'empire vis-à-vis des tats-Unis, soit à l'époque de la guerre de sécesion, soit au Mexique, avait déjà donné des résulats funestes à la France. Le gouvernement du septembre ne fit rien, absolument rien pour 'assurer l'appui de cette puissante république, en agnant les sympathies du peuple américain. Ces ympathies, elles étaient dans le peuple, toutes rêtes à éclater ; et si la politique officielle se renermait dans une attitude de réserve peu favorable, ien, du moins, n'était plus facile que d'obtenir de a nation ce qu'elle pouvait accorder : des armes, e l'argent, des secours en nature (1). Mais les gents de la France ne comprirent pas leur mision, bien différents en cela des agents de l'Alleagne.

Ce qu'on n'a pas fait dans cette circonstance, il st encore temps de le faire, les États-Unis devant tre d'un puissant secours pour la France, si un 'our elle doit reprendre la lutte.

(1) Voir le deuxième mémorandum.

2.

Je sais bien que les bulletins que les Allemands laissent tomber dans l'urne électorale aux États-Unis produisent une musique si agréable aux oreilles des hommes d'État de Washington, qu'elle les empêche d'entendre les cris de douleur poussés de l'autre côté de l'Océan par ce grand peuple dont les ancêtres n'avaient reculé devant aucun sacrifice pour voler au secours de la jeune république américaine. Cette cause, jointe aux autres, n'a pas peu contribué à faire de l'Amérique une grande ingrate (1). Elle était riche, elle était vigoureuse, elle était puissante, et elle n'a rien fait pour payer sa dette envers la France. Bien plus, elle semblait nier cette dette ; et aux yeux d'un bon nombre d'Américains, la Fayette et Rochambeau n'étaient que des Peaux-rouges. Malgré cela, le sens pratique de cette nation est si grand qu'il serait facile de la prendre par son intérêt.

(1) A son arrivée à Bordeaux, Garibaldi me dit *textuellement* :

« Vous venez de New-York ?

— Oui, général.

— Eh bien, que dit là-bas le président ?

— Mais, général, je l'ignore.

— En tous cas, sa conduite envers la France est déplorable. Dites-lui de ma part que lorsqu'un homme est en situation de faire le bien et ne le fait pas, il manque à son devoir. »

Je n'ai pas eu l'occasion de faire la commission, je m'en acquitte ici comme je puis.

Que des agents diplomatiques et consulaires intelligents s'attachent à faire comprendre aux Américains que si la Russie est pour eux une alliance naturelle contre l'Angleterre, la seule alliance démocratique qu'ils puissent logiquement contracter, c'est avec la France.

Le second empire, il est vrai, a été l'ennemi le plus déclaré de l'Amérique; mais il a été aussi l'ennemi de la France, qui a fini par le répudier. Il n'y a donc pas à argumenter de ce précédent.

*
* *

De septembre à février, six mois d'ineptie, de mystification et de malheurs, — de malheurs surtout!...

On criait à tue-tête : Vive la république! mais la république n'était nulle part, ni chez le gouvernement, ni chez le peuple.

Le gouvernement s'enfermait dans Paris au lieu d'en sortir pour se mettre en communication avec la France et l'Europe, et il envoyait en province une délégation qui aurait dû rester dans Paris.

D'où, à Paris, une population qui voulait se battre, en face d'un gouvernement qui temporisait; en province, une délégation qui ne rêvait que bataille, en face de populations qui presque toutes ne rêvaient que paix.

Ah! si chaque partie de la France avait été animée des mêmes sentiments que la Bretagne!...

Le 15 décembre, je débarquai à Brest. De Brest à Nantes, quel spectacle! Dans les villes, dans les villages, chez le riche, chez le pauvre, une seule pensée au cœur : la patrie. Tous partaient, mobiles, mobilisés, volontaires. Ils partaient sans bruit, silencieux, mais résolus ; tristes parmi tant de désastres, mais heureux d'offrir leur vie à la défense du pays. Les bonnes gens de l'endroit leur faisaient une ou deux lieues de conduite. Par-ci par-là, des femmes pleuraient à la dérobée ; mais, un moment après, elles avaient essuyé leur larmes et on les voyait encourager de leurs regards cette brave jeunesse qui allait à la mort si simplement.

Moi aussi j'ai plus d'une fois pleuré en assistant au départ des mobiles bretons.

Si les larmes, chez un homme, sont ridicules, c'est lorsqu'elles tombent des yeux d'un ministre qui ne sait que répondre à quelque interpellation ; mais lorsqu'elles sont le résultat d'un sentiment d'admiration et presque de solidarité avec ceux qui souffrent, elles sont saintes.

Des parleurs m'objectent que la Bretagne est un pays réactionnaire.

Je n'en sais rien ; seulement je sais que si j'y étais resté, je serais certainement devenu réactionnaire, tant est grande mon admiration pour les vertus de ce pays.

Plusieurs fois j'ai demandé le nom d'officiers blessés dont je souhaitais de faire la connaissance. Le plus souvent il m'était répondu : « C'est l'officier un tel, un réactionnaire, un..., etc.

— Ce qui ne l'a pas empêché de se battre, observai-je.

— Oh! pour cela, non... et même très-bravement, dans l'armée de Chanzy.

— Alors, messieurs, chapeau bas devant l'homme qui n'a vu que la patrie en danger, quand tant d'autres, en pareil cas, subordonnaient leur dévouement à des intérêts personnels ou de politique quelconque. Pour de tels hommes, on ne s'enquiert pas de leurs opinions politiques ou de leurs croyances religieuses. Ils ont fait leur devoir, cela suffit.

Que ces messieurs en prennent leur parti. Ils veulent tout abolir à la fois, famille et patrie; mais il reste encore assez de gens de talent pour combattre leurs fausses et fatales doctrines, et assez de gens de cœur pour les remplacer devant l'ennemi.

Le vrai cosmopolitisme ne consiste pas dans la suppression de la patrie, mais bien dans le plus profond respect pour la patrie de chacun. Je ne comprends pas ceux qui, pour prouver qu'ils aiment la France, renoncent à leur nationalité : on ne peut pas *sincèrement* aimer le pays des autres quand on répudie le sien. Combien de malheurs on pourrait encore éviter, si l'on se pénétrait de cette idée que le respect des droits patriotiques de chaque nation est la seule base sur laquelle il faille édifier. Les vieilleries diplomatiques, les petites combinaisons de la politique à courte vue pourront bien retarder, mais non empêcher la réalisation de cette grande devise de justice : à chacun sa patrie. Les républicains et socialistes qui, en théorie, acceptent les principes du vrai et du juste, devraient comprendre que, dans la pratique, les réformes politiques ou sociales ne sauraient valoir, si elles n'ont pour base l'association des nationalités, qui se constituera d'elle-même lorsque les peuples seront bien pénétrés de leurs droits et surtout de leurs devoirs les uns vis-à-vis des autres; lorsqu'ils sauront y subordonner tous leurs agissements intimes. Aujourd'hui, les réformes politiques et surtout *sociales* sont très-difficiles, car nombre de pays subissent le joug de l'étranger; la moindre réforme éveille des susceptibilités, met en jeu des intérêts opposés, et provoque forcément des conflits qui ne s'étouffent que dans le sang et par des répressions terribles. Mais du jour où chaque peuple sera rentré en possession de son indépendance nationale, oh! ce jour-là, la paix, la liberté, le progrès, toutes les choses bonnes de l'humanité se chargeront à leur tour des réformes exigées par la justice, et pas une larme ne sera répandue.

*
* *

J'ai dit plus haut que la république n'était nulle part en France. Ce n'est que trop vrai.

A Paris, aux cris de Vive la république on menaça de briser les presses de *la Marseillaise*, sans se demander si un peuple qui brise des presses est bien digne de la liberté.

A Bordeaux, au nom de la liberté, on insulta, on menaça l'infatigable lutteur dont la liberté a été le but de toute la vie, M. de Girardin.

Paris se mit à genoux et commença par adorer les membres d'un gouvernement qu'il devait plus tard bafouer. Bordeaux crut religieusement à une incarnation divine chez M. Gambetta, et malheur à l'imprudent qui, dans ce temps-là, eût osé parler d'Assemblée nationale !

Pauvre république, tu ne pouvais pas être entrée dans les mœurs d'un peuple qui n'attend pas son salut de sa propre vertu, mais qui appelle un sauveur et croit le voir dans le premier qui crie : « Me voilà ! »

M. Pascal Duprat, dont les conseils auraient dû être plus écoutés par les infaillibles de la délégation de Tours, avec le talent et surtout le bon sens politique qu'on lui connaît, dit un jour, dans une réunion publique, au grand théâtre de Bordeaux : « Je préfère une France forte et puissante, même

« avec la monarchie, à une république traînant
« dans les ruines de la patrie. »

Après avoir prononcé ces belles paroles, il ne fut plus possible à M. Duprat de se représenter à la tribune, tant les républicains de ces jours-là comprenaient la république et la liberté. Pour avoir le droit de se faire entendre, il fallait penser comme eux, mettre la république au-dessus du suffrage universel, appeler les journalistes dissidents de vils gazetiers, les adversaires politiques, de lâches réactionnaires et autres aménités de la même farine.

Pauvre république !

A Versailles, si un orateur osait soutenir que les Italiens qui sont allés à Rome, à commencer par le roi, ne sont peut-être pas tout à fait des brigands de la pire espèce, on l'empêcherait de continuer, et rien n'assure qu'on ne flairât chez lui quelque odeur à la prussienne et qu'on ne fît une enquête.

La république, qui n'était ni à Paris ni à Bordeaux, n'est donc pas davantage à Versailles.

Inepte le 4 septembre, échevelée le 18 mars, elle est hypocrite aujourd'hui.

Qu'est-ce que des républicains qui traitent avec les rois et signent une paix qui enlève à la France deux de ses plus belles provinces, au mépris des principes de justice et de solidarité, base de toute vraie république ?

Je comprends que les rois disposent de leurs peuples à leur gré : ils ont des sujets. Mais dans une république, il n'y a que des citoyens; ces citoyens sont libres, et il ne peut dépendre d'un gouvernement ou d'une assemblée d'aliéner leur liberté.

La cession de l'Alsace et de la Lorraine, signée par la république, fut une grosse naïveté de la part des républicains qui s'y prêtèrent, et un coup de maître de la part de leurs adversaires politiques.

Quand on entend dire par des hommes haut placés dans la politique, que la France était épuisée, que la résistance était impossible, que la cession était un malheur nécessaire et l'indemnité de guerre une dette facilement acquittable avec les ressources dont on dispose; que, d'ailleurs, on prendrait plus tard sa revanche, etc., il faut convenir que ces messieurs, quoique Français, n'ont pas compris grand'chose à l'importance du mot France.

Je voyage depuis quinze ans. J'ai visité différents pays, j'ai eu l'occasion d'en connaître les hommes politiques les plus remarquables. Eh bien, je puis affirmer que jamais, ni après Sadowa, ni avant ou après la déclaration de guerre de 1870, je n'ai entendu émettre l'idée d'un démembrement probable de la France.

Un journaliste anglais, qui rend de très-mauvais services à la France, me dit un jour, à Londres :

« Il y a dix ans que j'avais tout prévu ! »

Il y a des charlatans aussi en Angleterre.

Quoi qu'il en soit, le sacrifice fut consommé. La bourgeoisie, intéressée et égoïste, toujours peureuse, eut raison de l'abnégation patriotique de l'aristocratie et de l'enthousiasme du peuple. La république se trouva chargée de signer les conditions de la trêve, dont le résultat inévitable ne devait pas être seulement le démembrement de la France, mais la guerre civile ; car la défiance était dans tous les esprits, et personne, pas même l'Assemblée, n'avait assez d'influence pour tranquilliser le pays.

« Nous sommes sauvés ! » criaient les bons bourgeois qui ne s'étaient pas fait faute de trafiquer à bon compte de leurs petites marchandises avec le pauvre soldat qui se rendait aux armées.

« Nous vous avons sauvés. *Vive la république!* » criaient à leur tour les dignes représentants de la bourgeoisie, ces gros fournisseurs de souliers en carton et de tuniques en serpillière.

« C'est certain, on vous a sauvés », allaient répétant les pareils de M. Place, le trop fameux consul de New-York.

Et ils osaient, les misérables, déverser le blâme sur des hommes qui, depuis deux mois, à force d'énergie et de sacrifices, avaient soutenu haut et ferme le drapeau de la France contre une des plus formidables armées de l'ennemi, sous les ordres de l'un de ses généraux les plus habiles, le prince Frédéric-Charles.

Ce fut une des illusions de M. Gambetta d'avoir cru, après l'anéantissement des armées régulières, au triomphe possible de la France, sans la *révolution*.

Jeune, enthousiaste, confiant dans le droit, avec la foi du patriote et l'ardeur de son âge, il tenta d'organiser la victoire. On le voyait partout, à Lyon, à Lille, au Mans, à Bordeaux. On eût dit qu'il était dans tous ces endroits à la fois, tant était furieuse l'activité qui le dévorait. Il voyait tout, encourageait chacun, essayant d'embraser tout le monde des feux patriotiques qui étaient chez lui comme un incendie. Il frappait le sol du pied ; il voulait en faire surgir des armées, comme aux temps héroïques de la France.

Tout ce qu'il fit ne fut pas bien fait. Mais dans ce chaos d'éléments corrompus, parmi les tiraillements des partis, au milieu de l'affaissement des uns, de l'affolement des autres, de l'infamie d'un grand nombre, on doit le louer hautement de n'avoir eu devant les yeux que l'honneur du pays et le droit d'indépendance nationale que ne sauraient faire perdre à un peuple toutes les confiscations de la force. L'armée de la Loire, qu'on peut, sans crainte d'être démenti même par les vainqueurs, appeler l'armée de la gloire, fut homérique. Elle révéla Chanzy, qui un jour, à jeu égal, pourra avoir une singulière influence sur le coup de dés des batailles.

Les millions dépensés, le sang répandu, doivent retomber sur la tête de ceux qui, ayant pu obtenir des conditions favorables après Sedan, ne surent pas le faire par une intelligente action diplomatique. Il serait souverainement injuste d'en rendre responsables Gambetta et Chanzy pour avoir relevé le drapeau national. Gambetta et Chanzy, deux noms qui doivent rester gravés dans le cœur de chaque Français.

A moins qu'oubliant la supériorité de l'organisation militaire allemande et les fautes commises en France, on ne préfère encore une fois faire remonter tant de désastres à cette *terrible corruption italienne* dont le profond observateur général Trochu a parlé avec chaleur et éloquence à l'Assemblée nationale.

L'Italie aussi a son général Trochu, c'est le général Lamarmora, qui a eu également son *plan* et l'a appliqué avec le même succès. Mais là s'arrête la ressemblance. Car tout *corrompu* qu'il soit par le fait même de *sa nationalité*, il n'a jamais voulu manquer à sa parole et est resté fidèle à son serment.

Mais « M. Thiers a sauvé la France. Vive M. Thiers! »

En effet, après le 18 mars, M. Thiers a pu réparer la faute, *si faute il y a eu*, d'avoir laissé Paris au pouvoir de la garde nationale. Mais il ne l'a dû qu'à l'impéritie administrative des *tribuns* qui siégeaient à l'hôtel de ville et à l'ignorance militaire des généraux qui eurent le commandement des forces de la commune, du 18 au 28 mars.

Avant et pendant la commune, le gouvernement sauveur ne se montra pas plus entendu en politique administrative qu'il ne l'avait été en géographie lorsqu'il signa l'armistice qui fit tomber dans un piége presque toutes les armées de l'est.

Si, le 18 ou le 19 mars, les incapables de l'hôtel de ville avaient poussé résolûment une pointe du côté de Versailles, il est plus que probable qu'on eût vu les sauveurs se sauver eux-mêmes, sans se préoccuper davantage de sauver la France. La pointe ne fut pas poussée, et c'est sur l'inintelligence de l'ennemi que se bâtit aujourd'hui la renommée du vainqueur.

*
* *

Avant le 18 mars, très-peu de gens s'occupaient de l'Internationale. Comme toujours, les grands hommes d'État attendaient. Une pareille association était-elle digne de leur attention, et d'ailleurs ne fallait-il pas laisser un libre cours aux *utopies socialistes* — la bourgeoisie s'apercevra dans quelques années s'il s'agit d'utopies — pour ôter à la classe ouvrière toute velléité de s'occuper de politique?

Profond raisonnement!

Depuis, l'Internationale est au grand ordre du jour, et c'est à qui divaguera le plus pertinemment sur les mystères effroyables de cette *abominable association*. Mais à part le travail très-remarquable de M. Fribourg, la plupart des appréciations sur les hommes et les choses de l'Internationale ont été jusqu'ici de pure invention.

Que M. Dufaure continue à décréter contre l'Internationale, il perdra sa peine. Libre à lui, pour s'entretenir la main, d'envoyer de temps en temps en Calédonie des milliers de pauvres diables dont le tort sera toujours de s'être emballés à la suite des meneurs. Mais ce que M. Dufaure et ses collègues ne pourront appréhender ni déporter, ce qui s'imposera à tous invinciblement, en dépit de cette excellente bourgeoisie boutiquière ou *capitalière,* qui terrorise quand il s'agit des femmes, des enfants et des hommes de la commune, et fait de la mansuétude à tous autres égards; ce qu'ils ne pourront pas extirper de la société française, c'est le sentiment de la justice, faussé pendant plusieurs années par les hommes du gouvernement. Qu'ils y prennent garde! ce sentiment couve dans le cœur des masses, et s'ils ne s'appliquent pas à en prévenir et à en diriger l'éclosion par des satisfactions légitimes, ils verront se rouvrir l'ère sanglante des révolutions.

En 1864, à Londres, je fus présenté à l'Internationale par M. Charles Longuet. On me nomma correspondant en Amérique. Mais on me reprocha bientôt un manque d'activité et une tiédeur à l'œuvre qui me firent encourir l'excommunication.

N'aimais-je pas le peuple? Je l'aimais et n'ai jamais cessé de l'aimer, mais à ma façon. Quand je vis qu'à l'Internationale, sous le souffle d'une inspiration du dehors, j'en suis convaincu, l'ouvrier tranchait du philosophe; qu'en tous lieux, dans les réunions privées, en public, il allait professant l'abolition de la famille, le mépris de la patrie, et répondant par un despotisme féroce aux objections les plus loyales et les plus sensées; qu'à la table d'un cabaret, entre sa pipe et sa bouteille, il devisait de l'existence de Dieu, de l'immortalité de l'âme, appelant facétieusement Christ un *chien* et Marie une *chatte;* en un mot, qu'il ne rêvait que destruction sans savoir quoi reconstruire; alors je perdis la foi et fus considéré comme un renégat. Mais ce pervertissement d'une petite partie de la classe ouvrière ne doit pas être imputé à la direction de l'Internationale; il fut le fait de corrupteurs subalternes.

Je dis que ce pervertissement ne venait pas d'en haut, parce qu'ayant eu l'honneur de connaître personnellement M. Karl Marx et d'être admis chez lui, je ne sache pas avoir rencontré, dans tout le cours de mes nombreux voyages, un intérieur plus charmant, une famille plus morale, plus calme ni mieux élevée. Est-ce du sein d'une telle famille qu'aurait pu partir le mot d'ordre qui abolissait la famille?

M. Marx est un savant, un de ces hommes versés dans toutes les branches des connaissances humaines. Il sait trop, c'est peut-être son défaut. Il est convaincu qu'une transformation sociale est inévitable et juste; il y travaille de toutes ses forces, et avec un désintéressement qui lui fait consacrer au profit de l'œuvre sa fortune personnelle et tout ce qu'il peut retirer de l'insertion de ses articles dans les revues américaines, anglaises et allemandes. Homme de propagande, jamais toutefois un mot violent ne sortit de sa bouche. Il est d'une honnêteté à toute épreuve, et bien mal le connaissent ceux qui l'accusent d'avoir inspiré les derniers actes de la Commune. Quant à cette autre accusation qui a consisté à en faire pendant la guerre un agent prussien à la solde de M. de Bismarck, elle est ridicule.

Ce n'est pas avec les décrets de M. Dufaure, ce n'est pas par des exécutions, des déportations, des répressions de toute sorte qu'on désarmera l'Internationale. On la désarmera en faisant mieux qu'elle.

Organisez des chambres ouvrières dans les grands centres manufacturiers; que ces chambres nomment des représentants qui formeront un congrès où sera débattue la cause du travail et de la misère ; que ce même congrès, à son tour, choisisse des délégués chargés de se mettre en rapport avec une commission tirée du sein de l'Assemblée nationale ; et quand les ouvriers verront que l'on s'occupe d'eux, que l'Assemblée et le gouvernement étudient sérieusement les moyens d'améliorer leur condition, tombera d'elle-même l'Internationale, vaincue par qui aura su appliquer honnêtement son principe.

Mais le principe de l'Internationale, *le soulagement des classes ouvrières*, se rattache-t-il bien aux grands principes ?

Toujours même objection timorée.

Eh ! ne voyez-vous pas que ce principe s'impose, vous domine ? Si, de concessions en concessions, la monarchie en est venue à se démocratiser ; si l'intolérance religieuse a dû laisser un libre cours à la liberté de conscience, la question d'économie sociale, aujourd'hui, réclame impérieusement sa solution. Résolvez-la donc, et les enfants indisciplinés de l'Internationale se rangeront dociles et reconnaissants sous votre administration paternelle.

* *
*

« On ne doit mesurer le degré de culpabilité que selon les moyens qu'on a donnés à l'homme pour ne pas devenir coupable », a dit Beccaria dans son *Traité des délits et des peines*.

Cet axiome de criminalité, indiscutable en droit commun, est tout aussi vrai en politique.

Certes je suis loin d'excuser certains hommes de la commune; ils ont commis des actes que toute âme honnête doit énergiquement réprouver. Mais ne peut-on pas invoquer en leur faveur le bénéfice des circonstances atténuantes?

Voyons.

D'abord, il s'agirait de rechercher si les hommes qui, depuis le 4 septembre jusqu'au 17 mars, ont tenu les affaires, ont gouverné avec assez d'intelligence et de bonne foi pour commander le silence et le respect de tous les intéressés. Ces grands hommes furent-ils tous exempts d'ambition le 4 septembre? tous d'une capacité sans cesse à la hauteur de leurs fonctions? tous courageux pendant le siége? tous sincères et diseurs de la vérité telle quelle, partout et toujours? L'intolérance des hommes de Versailles, dans leurs négociations avec la commune, leurs répressions impitoyables envers ses membres, furent-elles toujours dictées en vue de sauvegarder la majesté du pouvoir légal? Le traité de paix était-il si bien accepté que le pays entier n'osât le discuter et qu'il ne provoquât des manifestations hostiles ailleurs qu'à Paris?... S'il n'en a pas été tout à fait ainsi, les fureurs de la commune s'expliquent sans se justifier, je le répète.

Puis l'armée elle-même n'avait guère donné l'exemple de l'obéissance au gouvernement dans sa fameuse expédition contre les canons de Montmartre, et il ne fallut pas moins d'un coup d'éclat pour rétablir la solidarité entre le pourvoir et l'armée. Il eut lieu. Les naïfs terroristes de la commune s'y prêtèrent avec candeur.

Alors, au nom de la république, des républicains furent fusillés à Versailles, des républicains furent fusillés à Paris. Ici on fusillait des prêtres dont le seul tort était d'être prêtres; là, par contre, on rêvait d'une nouvelle expédition en faveur du pouvoir temporel; le tout et toujours aux cris de Vive la république!

Contradiction à Versailles, contradiction à Paris, justice nulle part, malheur partout.

Résultat très-clair : à Paris comme à Versailles on n'avait pas le sentiment de la république, et tout le monde fut coupable à différents degrés.

*
* *

Il y a trop de partis en France : des légitimistes à drapeau blanc, des légitimistes à drapeau tricolore, des orléanistes; des bonapartistes de tout acabit, tenant qui pour la mère, qui pour l'enfant, qui pour le vieux, qui pour le cousin; des républicains nuance Thiers, des républicains nuance

Gambetta; des républicains communeux, socialistes, des républicains antisocialistes, des républicains de tous les ambigus imaginables... et chacun avec la prétention avouée et exclusive de sauver le pays. Que les hommes de l'État y prennent garde, le danger est imminent.

L'Assemblée avait une grande autorité avant de s'attribuer des droits que le pays ne lui avait pas accordés.

Rien n'est plus funeste aux grands corps poliques que de dépasser le mandat qui leur a été confié. En agissant ainsi, ils justifient toutes les attaques et ouvrent eux-mêmes la porte à la révolution; et si, dans le moment actuel, tandis que la France est en voie de réorganisation politique et militaire, avec l'ennemi chez elle, avec l'obligation de recourir à des moyens extraordinaires pour se procurer des ressources à l'intérieur, et avec une influence nulle à l'étranger; si, dans un pareil moment, la passion de parti l'emporte sur le bien général de la nation; si un mouvement ou plusieurs mouvements révolutionnaires ou réactionnaires suivent l'initiative prise par un parti de l'Assemblée, on pourra dire que c'en est fait pour longtemps de la grandeur de la France.

L'empire attend. C'est une de ses qualités que de savoir attendre.

Toutefois l'Assemblée pourrait encore, par un acte éclatant de justice et d'abnégation, prouver au monde que le patriotisme n'est pas mort en France; elle n'aurait qu'à se retirer et à céder la place à une nouvelle Assemblée qui s'érigerait en Constituante. Mais de toutes façons, que ce soit une Assemblée nouvelle ou l'Assemblée d'aujourd'hui qui doive constituer, il faut que celle-là ait en vue seulement la grandeur et la prospérité de la France, et ce n'est certainement pas en maintenant la république actuelle qu'elle obtiendra une pareille fin.

On ne doit pas se payer du luxe quand on manque du nécessaire. Or, le luxe, c'est la république, et le nécessaire, c'est l'intégrité du territoire national, qu'on ne peut recouvrer que par des alliances, improbables avec la forme républicaine.

Il n'y a pas d'illusions à se faire : dans nos trois pays latins, rien ne nous prédispose à être républicains, ni l'instruction, ni les mœurs, ni la conscience à accomplir scrupuleusement nos devoirs politiques. C'est une éducation à commencer, tout un tempérament à acquérir, grâce auquel, sans doute, la république pourra se soutenir et se poser avantageusement en Europe. Mais c'est là une probabilité lointaine à laquelle il serait coupable de sacrifier l'intérêt présent de la France, dont la forme actuelle de gouvernement est suspecte aux monarchies.

Je comprends la république aux États-Unis. Là chaque citoyen, par son éducation politique, est à même de formuler, de présenter, de discuter un projet de loi; chacun lit les journaux, s'intéresse à la marche de la république. Il n'est pas rare, dans les réunions populaires, d'entendre des inconnus, de la condition la plus modeste, émettre des aperçus et donner des conseils dont profitent les hommes du gouvernement.

Mais en France, en Italie et en Espagne, c'est au café, par manière de passe-temps, qu'on fait de la politique. C'est une mode où la conscience du devoir n'a rien à démêler.

La monarchie est une injustice, dit-on. C'est vrai; mais elle est la conséquence logique de notre paresse et de notre manque de sens politique. Au fond, nous sommes très-contents de payer une prime à une société d'assurance qu'on appelle monarchie, sous la condition qu'elle s'occupe de politique pour nous et qu'elle nous laisse le droit d'être républicains au café.

Ceux qui ont vraiment les sentiments républicains devraient comprendre que dans l'humiliation et l'affaiblissement où se trouve la France, la république a perdu énormément de son influence, et qu'aujourd'hui c'est faire acte de vrai républicain que de songer avant tout au rétablissement de la grandeur de son pays, fût-ce par la monarchie, si cela est nécessaire, et je démontrerai qu'il en est ainsi.

D'ailleurs, une France forte et puissante, même

monarchique, est une garantie pour les progrès de la démocratie, tandis qu'une France humiliée, battue, menacée, annulée, même de forme républicaine, est le tombeau de la république.

Si M. Thiers, qui a un cœur vraiment français, qui pousse le patriotisme jusqu'au fanatisme, juge sainement la situation, il comprendra qu'il peut rendre un plus grand service à la France en redevenant plutôt ministre d'une monarchie démocratique, qu'en restant roi dans une république de réaction.

DEUXIÈME PARTIE.

LA SOLUTION.

« La république est le gouvernement qui nous divise le moins », a dit M. Thiers.

On aurait pu lui répondre « que la république est le gouvernement qui nous isole le plus. »

En réalité, peut-on considérer comme républicain le gouvernement actuel ?

Non.

La république découle-t-elle d'une grande révolution et a-t-elle donné à la France une nouvelle force, une plus grande puissance ?

Non.

Est-elle aujourd'hui légalement, définitivement fondée et sincèrement acceptée ?

Non.

Peut-elle, par sa force d'expansion, avoir assez

d'influence pour trouver au dehors l'appui qui manque aujourd'hui à la France?

Non.

Car un gouvernement, quel qu'il soit, républicain ou monarchique, n'a d'influence au dehors que selon la force, la richesse et la puissance du pays qu'il représente.

Or la France, aujourd'hui encore, se trouve occupée par l'ennemi; son armée n'est qu'à l'état de première réorganisation, et ses finances sont engagées.

Dans cette situation, il est triste de voir les partis politiques épuiser leurs forces dans des luttes qui ne peuvent que nuire à la patrie. Ils manquent tous, sans distinction, de bon sens politique : les uns voudraient jeter la France dans de nouvelles aventures; les autres font de la prudence, ils disent que le moment n'est pas venu, mais que plus tard!... Les républicains crient à tous les vents : Vive la république! sans s'apercevoir que la république est le grand obstacle aux bons rapports de la France avec les puissances étrangères; le gouvernement, dans sa politique tant intérieure qu'extérieure, tâtonne, vit au jour le jour, sans plan arrêté, absorbé qu'il est d'ailleurs par la tâche pénible de maintenir l'entente entre les partis rivaux de l'Assemblée.

Est-ce qu'il devrait y avoir des partis aujourd'hui en France? Il n'en est qu'un : le parti de la France.

Ce n'est pas le moment de se diviser. S'il est vrai que la France a été forte et puissante, il n'est pas moins vrai qu'elle ne l'est plus. Mais elle le redeviendra, et dans très-peu de temps, si ceux qui tiennent ses destinées dans leurs mains arrivent à comprendre que le salut de la patrie dépend à cette heure du bon concours des puissances étrangères.

Or la république est un obstacle à ce résultat, et M. Pouyer-Quertier, avec ses combinaisons financières et douanières, ne se prête que médiocrement à obtenir la sympathie de ces puissances.

Mais avant d'examiner les dispositions de l'Europe à l'égard de la France, il est bon de signaler une des causes premières des malheurs de ce pays. C'est la confiance aveugle qui fait croire aux Français qu'ils sont en quelque sorte surhumains.

Ils ont si peu tenu compte des autres peuples qu'ils n'en connaissent ni la politique ni les ressources. Ainsi, marchant de surprise en surprise, ils en sont venus à s'apercevoir que toutes les illusions passées n'étaient que des rêves, hélas! trop dangereux.

On pourrait les excuser, si du moins ils songeaient *sérieusement* à racheter leurs fautes; mais il n'en est rien : aujourd'hui même, au dire de plus d'un journal, on devine aisément qu'il y a chez eux comme un parti pris d'atténuer les malheurs et l'état du pays.

On est encore dans le domaine des illusions. On

prétend n'avoir été qu'à moitié battu ; des hommes qui gouvernent on en fait plus que de simples mortels, on en a fait des demi-dieux.

Ministres, généraux, tous sauveurs.

M. Legouvé parlant, aux Champs-Élysées, à l'endroit même où avaient *campé* les Prussiens, n'a-t-il pas dit que ces mêmes Prussiens n'étaient jamais entrés dans Paris ?

Cette tendance est fatale : d'un côté, les gouvernements, se voyant en dehors de tout contrôle et de toute surveillance, sont naturellement imprévoyants, et de l'autre, les gouvernés, qui, en qualité de Français, croient que rien de malheureux ne peut leur arriver, s'abandonnent au hasard.

*
* *

Maintenant, examinons l'état de l'Europe.

Et d'abord, n'imitons pas ces correspondants des journaux de Paris qui, à Gastein et à Salzbourg, parce qu'ils se sont trouvés à table avec M. de Bismarck ou M. de Beust, assurent positivement que la France n'a pas été en question dans les conférences des deux grands chanceliers. Pour nous, nous n'affirmons rien ; nous tâchons de mettre la France sur ses gardes par nos aperçus probables sur la situation.

L'Europe est monarchiste. Reste, il est vrai, un

fort parti républicain en Italie, en Espagne et dans le sud de l'Allemagne; mais l'Italie et l'Allemagne, en voie de consolider leur unité nationale, ont le bon sens de ne gêner en rien la marche politique qui jusqu'à ce jour leur a si bien réussi.

Quant à la Russie, à l'Autriche et à l'Angleterre, si elles comptent des adeptes en républicanisme, ils sont trop peu nombreux pour être puissants.

La France n'a donc pas à attendre un soulèvement républicain. Elle est isolée, elle n'a pas d'illusion à se faire ; car les monarchies n'aideront jamais une république, quelque modérée qu'elle soit, d'abord parce que c'est une république, ensuite parce que, si elle est modérée aujourd'hui, elle peut devenir révolutionnaire demain.

Les rois ont peur du mot république ; ils sont logiques.

La France s'est laissé arracher son initiative en Europe à cause de sa politique injuste envers l'indépendance et l'unité des autres nations. Elle peut, elle doit reprendre son rang ; mais, pour cela, il faut qu'elle envisage la situation avec impartialité et qu'elle dépouille complétement cet orgueil qui jusqu'à présent a été son guide et qui l'a en partie perdue.

M. de Bismarck est très-habile, on le sait.

En 1866, par une vague promesse, il paralysa l'action de la France en faveur de l'Autriche. —

On se souvient du célèbre discours de l'empereur au maire d'Auxerre.

En 1870, par des promesses encore plus vagues, il paralysa la Russie et obtint, par son intermédiaire, non-seulement la neutralité du Danemark, dont la famille régnante est alliée à celle de Saint-Pétersbourg, mais l'hostilité de l'Angleterre contre la France. La question de l'*Alabama* pesait sur l'Angleterre, on fit agir cette menace. Pour cela, la Russie s'adressa à son fidèle allié de Washington, et l'Angleterre dut se résigner.

La Russie ne tardera pas à s'en repentir. A la suite de la campagne de 1870, elle voudra reprendre le rôle que la France mystifiée a joué contre l'Allemagne après la campagne de 1866 ; elle sera battue comme la France, et n'empêchera pas l'unification de l'Allemagne. Mais tandis que la France a été battue et peut se relever, la Russie sera battue et ne se relèvera pas : sa chute serait le signal de la résurrection de la Pologne.

L'Allemagne tient aujourd'hui le rang qu'à la fin du siècle dernier occupait la France quand elle donnait l'éveil à tous les peuples opprimés.

A qui la faute ?

C'est à contre-cœur que M. de Bismarck a fait la guerre à la France. A l'annexion de l'Alsace et de la Lorraine il eût préféré de beaucoup l'alliance de la France contre l'Autriche d'abord, contre la Russie ensuite. Mais poussé à la guerre, il l'a faite terrible, au point d'annihiler l'action de la France jusqu'à la complète réalisation de ses plans contre la Russie, dont l'Europe aveugle a laissé trop longtemps croître et développer la puissance.

Aujourd'hui, à Paris comme à Versailles, républicains et monarchistes, en parlant de la revanche prochaine, mettent en avant l'alliance de la Russie.

A part ce qu'il y aurait d'odieux à voir la France donner la main à la Russie et se faire la complice des étrangleurs de la pauvre Pologne, dans le but de rétablir son ancienne politique sur les ruines de l'unité allemande et de l'unité italienne, cette combinaison, même couronnée de succès, aboutirait à des résultats désastreux. Tout serait remis en question : ce seraient de nouvelles guerres plus terribles que les précédentes, parce qu'elles seraient inspirées par une haine plus implacable.

Au point de vue humanitaire, ce serait la guerre en permanence et éternisée ; au point de vue économique, la ruine complète de l'Europe. Et qu'on n'oublie pas que la misère sera toujours la clef des révolutions, et que cette misère est forcée, s'il faut continuer à entretenir de grandes armées comme aujourd'hui.

On s'aperçut à Berlin que la France recherchait l'appui de la Russie. Immédiatement M. de Bismarck et M. de Beust projetèrent l'entrevue de Gastein. Il s'agissait de répondre aux projets d'alliance franco-russe par une combinaison austro-prussienne.

Quelle a pu être cette combinaison? Comment les deux puissances ont-elles concilié leurs prétentions respectives?

Puisque, d'un côté, l'Autriche, convaincue que son rôle de puissance allemande est fini, cherche des compensations en Orient, et que, de l'autre, l'Allemagne désire compléter son unité avec les provinces allemandes qui sont encore au pouvoir de l'Autriche, M. de Bismarck aurait donc pu proposer, en échange de la cession de ces provinces à l'Allemagne, la cession à l'Autriche du duché de Posen, et plus tard l'annexion de la Pologne russe.

En admettant même que ce ne soit pas là l'objet de la conférence de Gastein, la France ne doit rien espérer de l'Autriche contre l'Allemagne, et rien des nations latines, tant qu'elle continuera de menacer l'Allemagne et l'Italie dans leur unité.

Mais tout porte à croire qu'à Gastein comme à Salzbourg, l'unique objectif a été la France.

On verra bientôt si c'est de paix et des chemins de fer de la Roumanie qu'on s'est occupé dans ces fameuses conférences.

Cependant, il n'est pas un seul journal qui ait voulu prendre ce fait diplomatique du mauvais côté.

Les uns disent :

« Ce sont des pourparlers en vue de certaines éventualités; mais rien de sérieux n'a été conclu entre l'Allemagne et l'Autriche relativement aux provinces allemandes qui sont encore sous la domination autrichienne. *L'Allemagne sait, d'ailleurs, qu'elle ne pourrait pas se les assimiler.* »

Mais lorsqu'il s'agit de restituer à une grande agglomération nationale ses membres détachés, les difficultés ne sont-elles pas vaincues d'avance par le bon vouloir des citoyens eux-mêmes?

D'autres s'expriment ainsi :

« L'Autriche ne peut songer à reconstituer la Pologne. Comment voulez-vous que les Habsbourg règnent sur des Slaves? »

Comme si la monarchie autrichienne, perdue en Allemagne, n'accepterait pas de régner sur n'importe qui ou n'importe quoi!

Quant à la Pologne, elle est comme tous les pauvres peuples divisés et sauvagement opprimés; elle se résigne à tout, à la condition d'exister.

Et à ce sujet, qu'il me soit permis de constater l'injustice de certains publicistes qui, s'arrogeant le monopole exclusif de l'honnêteté, perdent le sens du juste aussitôt qu'il s'agit de la pauvre Pologne. Les libres penseurs la condamnent à subir le knout parce qu'elle est catholique. Beau raisonnement pour des hommes qui disent penser librement. Certains républicains les imitent, parce que plusieurs drôles polonais ont servi la police de l'empire.

4

Le fait est vrai; mais qu'est-ce, que cette misère à côté du rôle joué par la masse saine des Polonais dans les armées françaises? La pauvre nation martyre a longtemps payé de son sang son amour pour la France, à qui, dans la dernière guerre, elle ne pouvait plus offrir que ce que la barbarie russe lui avait laissé : des larmes !

Mais revenons à M. de Bismarck.

M. de Bismarck, qui n'entend pas réussir à demi dans ses projets, est parvenu à associer une grande partie de l'Europe à sa politique.

L'Angleterre a été jusqu'aujourd'hui liée et impuissante à cause des États-Unis, qui, sous le prétexte de la question de l'*Alabama*, pouvaient soulever l'Irlande, envahir le Canada, paralyser toutes les forces de la Grande-Bretagne. Car on peut avancer, sans crainte d'être taxé d'exagération, que si l'Angleterre avait dû tenir tête dans le même temps et à l'insurrection irlandaise, et à l'invasion du Canada, et à la marine des États-Unis, il ne lui fût resté ni un seul homme ni un seul navire disponibles pour entrer dans la querelle franco-allemande.

La Russie a exploité l'alliance des États-Unis afin de pouvoir agir librement en Orient. L'an dernier, lorsqu'une rupture était imminente entre la Russie et l'Angleterre, quatre grands navires chargés d'armes étaient prêts à partir de New-York pour les côtes d'Irlande.

C'est la Russie qui a toujours empêché les États-Unis d'accepter une des mille solutions à l'affaire de l'*Alabama,* proposées par l'Angleterre. Qu'on se rappelle à ce sujet la solution Reverdy Johnson, solution très-équitable, mais repoussée par les États-Unis à l'instigation de la Russie. L'Angleterre anéantie en Asie et rendue impuissante en Europe, voilà le double résultat que poursuivait l'alliance américo-russe.

Mais aujourd'hui M. de Bismarck a besoin de l'Angleterre, et le voilà à son tour qui se mêle de la question de l'*Alabama,* sans crier gare ou demander la permission, selon son habitude.

Avant la guerre de 1866, les Allemands des États-Unis étaient très-divisés, très-peu attachés à leurs gouvernements respectifs; maintes fois je les ai vus se joindre à nos sociétés républicaines pour fêter les anniversaires de la république romaine ou de la république française.

Quoique Sadowa fît de la Prusse la première puissance allemande, ils ne s'en inclinèrent pas pour cela devant elle : plusieurs *meetings* eurent lieu en faveur du Hanovre et de l'indépendance des autres États secondaires de l'Allemagne; ce qui prouve qu'aux États-Unis les Allemands étaient loin d'être unanimes dans leurs sentiments à l'égard de la Prusse. Mais à la suite des premiers symptômes de désaccord entre la France et l'Allemagne, et surtout après la déclaration de guerre, les Allemands s'unirent comme un seul homme et appuyèrent de tous leurs moyens le gouvernement de la confédération du Nord, duquel ils reçoivent aujourd'hui le *mot d'ordre* pour la conduite à suivre dans les luttes électorales aux États-Unis. Le célèbre avocat Frédéric Kapp, qui a longtemps habité les États-Unis ; le grand orateur Schultz et le général Sigel, tous Allemands, sont les intermédiaires entre le gouvernement de Berlin et la population allemande d'Amérique.

Une tournée faite par Schultz et Sigel décide du vote de tous les Allemands, de New-York à Philadelphie, de Cincinnati à Omaha.

Ce vote a une telle importance, surtout si l'on tient compte de l'opposition des Irlandais, qu'il peut à lui seul décider de la réélection du général Grant, et par conséquent de la vie ou de la mort du parti républicain, qui, battu dans presque tous les États, n'est plus représenté que par le gouvernement national de Washington.

Or M. de Bismarck, qui a parfaitement compris que, dans ses plans contre la Russie, l'Angleterre lui était indispensable, a tout mis en œuvre auprès du gouvernement de Washington pour faire cesser cette interminable question de l'*Alabama*, le point d'appui de la politique russe.

En échange, M. de Bismarck assure à M. Grant le vote de tous les Allemands, et il se réserve de tomber avec les États-Unis sur l'Angleterre, quand celle-ci, après avoir contribué pour sa part dans la guerre qu'il projette contre la Russie, voudra s'opposer à l'absorption de la Hollande par l'Allemagne. La rupture entre le président Grant et le ministre russe Catacazy vient à l'appui de mon assertion.

Qui vivra verra !

On le voit, M. de Bismarck triomphe sur toute la ligne, et la Russie est bien près de passer un mauvais quart d'heure.

Ceux qui caressent une alliance franco-russe ne se rendent pas, selon moi, un compte exacte de la situation de l'Europe.

La France, même avec un million d'hommes, ne pourrait pas aujourd'hui changer le cours des événements.

Toutes ses lignes stratégiques sont au pouvoir de l'ennemi ; Paris même peut être de nouveau menacé par lui ; et il ne lâchera ses gages qu'après l'entier payement de l'indemnité. Or il faut moins de temps à M. de Bismarck pour réaliser ses vues qu'il n'en faut à la France pour se dégager des Allemands. Et cette tâche serait d'autant plus facile à l'Allemagne qu'ayant eu le bon sens de ne blesser aucune nationalité, elle aurait pour elle contre la Russie et la France, coupables du fait, le reste de l'Europe.

Ce n'est pas que la revendication de l'Alsace et de la Lorraine par la France ne soit selon toute

4.

justice. Mais malheureusement l'Europe appréhende que la France, obtenant gain de cause par suite du concours de la Russie, ne s'arrête pas à temps; qu'après avoir repris l'Alsace et la Lorraine, elle ne veuille prendre la ligne du Rhin, et après le Rhin, briser l'unité allemande pour tomber ensuite sur l'*ingrate* Italie, et se reconstituer finalement le gendarme de l'Europe, au lieu d'en être ce qu'elle fut autrefois, ce qu'elle doit redevenir, ce que son peuple *veut* qu'elle redevienne, la personnification du droit et de la justice.

C'est à cause de cette politique à contre-sens dont M. Thiers semble s'être fait le patron que l'Allemagne est entourée d'alliés, tandis que la France est isolée et se voit réduite à mendier l'alliance russe, qui, absolument incompatible avec les vrais principes français, ne peut produire que des résultats négatifs, sinon déplorables. Car en admettant, par impossible, le succès de cette politique, outre qu'elle serait indigne de la France, comme je l'ai déjà dit, elle mettrait l'Europe dans la menaçante nécessité de recommencer la lutte, coûte que coûte.

Si la France veut prendre une part active au grand drame qui se jouera peut-être dès l'année prochaine entre l'Allemagne et la Russie, elle aura à tenir tête non-seulement aux forces allemandes restées en France, mais aussi à celles des alliés de l'Allemagne.

Il ne s'agit pas ici d'une question de gratitude ou d'ingratitude ; il s'agit de bonne ou mauvaise politique, d'existence ou non-existence nationale.

L'Italie, qui n'entend que menaces proférées contre elle, ne peut pas se ranger du côté de la France ; l'Espagne, avec la perspective d'un Bourbon ou d'un d'Orléans, se ralliera à l'Italie ; enfin la Belgique elle-même sera du côté de la Prusse : les souverains de ces deux nations, à mon avis, s'entendent déjà ; les événements ultérieurs montreront si je me trompe.

Ainsi, armées allemandes d'occupation, Italie, Espagne et Belgique, autant d'ennemis qui observeraient la France pendant que le gros de l'armée allemande et l'Autriche, soutenues par l'Angleterre et la Turquie, et puissamment aidées par l'insurrection polonaise, repousseraient le trop envahissant Moscovite.

Pour prix de leur concours, l'Italie recevrait le Tyrol et Nice, même sans révision de plébiscite ; l'Espagne aurait Gibraltar, que l'Allemagne obtiendrait de l'Angleterre, et serait assurée, toujours par l'intermédiaire de l'Allemagne, de la stricte neutralité des États-Unis envers les Antilles espagnoles.

Quant à la Belgique, son concours, comme la compensation à lui accorder en échange, sont moins certains. Mais il y a les plus grandes apparences pour que, voyant sa neutralité inutile, la France encore étourdie de sa défaite et l'Angleterre impuissante, elle se jette dans les bras de la Prusse. Je crois même le roi des Belges personnellement engagé dès aujourd'hui vis-à-vis de l'Allemagne. L'ardeur qu'il met à soutenir la nécessité d'une réorganisation de l'armée belge d'après le système prussien me fait véhémentement soupçonner le renversement de tous bons rapports entre la Belgique et la France. Alors, au lieu de voir la France s'annexer les provinces wallonnes, nous pourrions bien assister à l'étrange spectacle de l'annexion à la Belgique du département du Nord. Ce ne sont que des apparences, je l'ai dit, mais des apparences grosses de réalité.

Que le gouvernement français continue, par une politique inepte et injuste, à s'isoler encore davantage, et l'on verra si je conjecture dans le vide.

*
* *

Y aurait-il moyen de déjouer les intrigues ourdies de tous côtés contre la France?

Oui; mais à la condition d'inspirer d'abord une réelle confiance à l'Europe. La révolution ayant été battue, la république actuelle ne répond à rien. Elle n'est une garantie ni pour la monarchie ni pour les peuples.

Si j'insiste sur les désavantages de la république, ce n'est certainement pas par tendresse envers la monarchie, mais bien par amour du droit de nationalité.

Il ne manque pas de républicains intelligents et honnêtes qui se font encore l'illusion, s'ils pouvaient reprendre la direction des affaires, qu'ils profiteraient de l'expérience des fautes commises et donneraient un libre cours à la révolution, tant à l'intérieur qu'à l'étranger. Ils ne voient pas que cela n'était possible qu'après le 4 septembre, alors que la révolution avait tout entre les mains ; mais en laissant tout échapper, elle a perdu la république, au moins pour longtemps. Aujourd'hui le pouvoir est passé à l'Assemblée ; et, en admettant même un appel au pays, les radicaux n'ont rien à attendre de leur nombre, en sorte que toute tentative de leur part serait considérée comme illégale. Par conséquent, la république *révolutionnaire*, qui seule pouvait sauver la France, ayant perdu la partie, doit être remplacée par la monarchie. On ne saurait en effet s'en tenir au gouvernement actuel qui présente tous les obstacles de la république pour les questions étrangères, sans posséder aucune des ressources de la révolution.

Monarchie et *alliance latine*, voilà les deux bases sur lesquelles la France peut réédifier sa grandeur et sa puissance.

Monarchie d'abord.

La république est le gouvernement qui isole le

plus la France actuellement; car ni l'Allemagne, qui est en voie d'unification, ni l'Italie, qui tient à se consolider, ni l'Espagne, qui cherche à panser les plaies de plusieurs révolutions, ne sont disposées à se jeter dans l'inconnu et à suivre la France dans la voie républicaine.

Il y a plus : si la monarchie n'est pas adoptée comme une nécessité de mettre au plus tôt la France au diapason, pour ainsi dire, de la politique européenne, elle n'en sera pas moins la conséquence inévitable des errements de la politique actuelle ; car l'Europe, après avoir mis la France républicaine dans l'impossibilité d'agir immédiatement, voudra s'assurer la paix pour l'avenir. Or s'assurer la paix, dans le langage des rois, veut dire amoindrir encore la France jusqu'à rendre nulle son initiative ; et alors ils lui imposeraient une monarchie de leur choix.

Dans la situation exceptionnelle de la France, les désordres sont presque inévitables : ce qu'autrefois l'Europe appelait « la grande initiative française... la révolution humanitaire... le progrès... », elle l'appelle aujourd'hui « désordre » ; et le désordre, surtout en présence de l'âge de M. Thiers, et un peu aussi à cause de l'amour inintelligent de bon nombre de Français pour leur patrie, le désordre est fatalement inévitable.

En république, on passe de la nuance Thiers à la nuance Gambetta ou à la nuance Blanqui avec la plus grande facilité ; la république, modérée aujourd'hui, peut devenir révolutionnaire demain. Les monarchies d'Europe le savent, et elles ne sont pas si naïves que de tendre la main à un pays lancé dans une pareille voie.

Il serait donc moins malheureux et moins humiliant pour la France de se constituer *spontanément* en monarchie représentée par une famille honnête et vraiment française, que de se voir imposer cette même monarchie avec une famille... tirée des fourgons de l'étranger.

En conséquence, il faudrait, au lieu de perdre, à discuter dans le vide, un temps précieux qui permet à M. de Bismarck d'agir à ses aises ; il faudrait, dis-je, faire un bel et bon examen de conscience, et reconnaître que seulement par la monarchie on peut tirer actuellement bon parti des puissances étrangères et recouvrer avec leur aide la Lorraine et l'Alsace.

Si l'Alsace et la Lorraine avaient fait partie de la France malgré leur volonté, comme la Lombardie et la Vénétie ont été unies à l'Autriche, je comprendrais que la France y renonçât et en fît son *meâ culpâ*. Mais comme ces deux provinces, au nom du libre consentement, principe vrai des nationalités, répudient l'Allemagne, la France, si elle est aujourd'hui impuissante par les armes, doit, par la politique et la bonne diplomatie, se faire des alliés pour reconquérir son intégrité nationale.

Oui, l'Alsace et la Lorraine sont de la grande patrie française, et c'est aux patriotes de cœur à tout sacrifier pour une portion de leur pays comme pour le pays lui-même. Si la France n'a pas le droit d'empêcher la réalisation des vœux des autres nations, celles-ci, de leur côté, ont le devoir d'assister la France dans ses aspirations légitimes et françaises.

Ce que la république ne peut pas faire, la monarchie le fera. C'est la faute des républicains si, faute d'avoir osé être franchement révolutionnaires, ils ont humilié la république et laissé le beau rôle à la monarchie.

*
* *

Monarchie d'abord, avons-nous dit.
Alliance latine ensuite.

De toutes les combinaisons politiques, la seule logique, la seule vraie et utile, c'est l'alliance latine.

J'en parlais un jour à un mien ami, journaliste, qui me répondit :

« Nous ne voulons pas être Latins : les Latins sont catholiques, et nous sommes libres penseurs.

— Amen ! »

Avec les arguments de cette force, on laisse la porte ouverte à l'étranger.

On dit et l'on répète à satiété, en France, que l'Italie ne peut offrir un appui sérieux, que son armée ne vaut rien, manque d'armement, etc...
— Tout le contraire de ce que pense l'Allemagne.

L'Italie gagne tous les jours : l'organisation de son armée se perfectionne, et le matériel, surtout d'artillerie, est excellent; elle est en état à tous les points de vue de remplir ses engagements en cas d'alliance. J'ajouterai que la loyauté de son roi et le bon sens de son peuple lui ont mérité l'estime et la confiance de tous ceux qui la jugent sans passion et sans parti pris.

L'entrevue de Gastein en est une preuve : on y a recherché l'Italie pour la détacher de la France et empêcher l'alliance latine.

La France, l'Italie et l'Espagne pourraient former une alliance qui, sans être une menace pour l'indépendance des autres nations, leur permettrait de réclamer ce qu'elles croiraient juste pour chaque alliée.

Cette alliance se fera, si le bon sens n'a pas tout à fait disparu de nos trois pays; surtout si la France, par ses hommes d'État, ses écrivains, ses orateurs et par les mille voix de la presse, ramène l'opinion sur le compte de l'Italie et de l'Espagne, qu'on est trop habitué, à Paris, à considérer comme des nations inférieures; et elle sera la première à se réjouir de cette alliance, qui devra avoir pour base la révision du plébiscite de Nice.

Car par la même raison que l'Alsace et la Lorraine ne veulent pas être Allemandes et doivent faire retour à la France, Nice, qui ne veut pas être Française, doit être rendue à l'Italie.

La mystification plébiscitaire au sujet de Nice est aussi contraire aux principes du libre consentement que la conquête, par la force, de l'Alsace et de la Lorraine.

Et qu'on ne m'accuse pas ici d'égoïsme national. Si je discute la question de Nice, c'est afin de supprimer tout obstacle à une entente entre la France et l'Italie. Ni le peuple ni le gouvernement italien ne réclament Nice ; c'est la seule population niçoise qui proteste. Qu'on me prouve le contraire, et je retire ma proposition.

Donc révision du plébiscite mystificateur de 1860 ; d'un autre côté, complète et sincère renonciation, de la part du duc de Montpensier, aux intrigues dans les affaires d'Espagne — intrigues indignes de la maison d'Orléans ; — et les trois nations latines s'unissent par un pacte d'alliance offensive et défensive dont la mission première serait d'agir sur l'Allemagne en faveur de la France, la moins heureuse des trois pour le moment.

Je sais qu'on m'objectera que la France, en laissant l'Italie et l'Espagne sous une même dynastie, peut être menacée dans son indépendance. Mais qu'on tienne compte de l'importance du chiffre de la population française, et l'on verra que l'Italie et l'Espagne réunies ne sauraient être un danger pour la France.

Ainsi, pas d'obstacle à la conclusion de cette alliance latine qui, pour se réaliser, ne demande qu'un peu de bon sens chez les trois peuples, et l'on pourra dire alors, sans plagier Victor Hugo, que les trois sœurs ne forment plus qu'une seule famille dont les inexplicables discordes, jusqu'à présent, n'ont eu pour cause que les agissements et les intrigues d'un petit nombre de malveillants et d'imbéciles.

Ce que la France ne pourrait pas, par une très-juste susceptibilité, proposer à l'Allemagne, l'initiative de l'alliance latine pourra le faire.

Une rectification nouvelle de frontière, une réduction considérable des charges de la guerre seraient sans doute le résultat de cette nouvelle politique, et l'Allemagne se verrait forcée à compter, mais très-sérieusement, avec cette puissante alliance.

Quelle plus belle revanche pour la France que de pouvoir, par l'alliance latine, recouvrer non-seulement le territoire perdu, mais surtout son rôle d'initiatrice, auquel ses qualités natives semblent l'avoir prédestinée! De ce jour elle reprend sa mission, et, de concert avec les nations vraiment civilisées, elle oppose une barrière infranchissable aux empiétements du colosse russe en Europe, qu'elle rejette en Asie, théâtre fait pour le développement de son génie demi barbare.

De leur part, l'Italie et l'Espagne ne tireraient pas de leur alliance avec la France des fruits moins avantageux, car leur indépendance ne peut solidement se retrancher que derrière une France forte et puissante.

Que la France succombe pour ne plus se relever, et l'Espagne et l'Italie, dépourvues de leur égide naturelle, doivent renoncer à toute initiative politique.

Mais de tous les avantages qui découleraient de cette alliance, le plus grand, le plus beau, le plus humain serait la paix générale de l'Europe.

En effet, que l'alliance latine, en réclamant ce qui lui appartient, reconnaisse les droits de l'Allemagne; qu'avec l'Allemagne et l'Autriche elle contribue à dompter, à refouler l'usurpation russe par la reconstitution d'une Pologne bien assise, et avant deux ou trois ans la paix générale est assurée, le droit de nationalité satisfait, les armées permanentes réduites des deux tiers, et les forces vives de chaque pays dirigées vers un progrès calme, juste, modéré, contre lequel ne sauront prévaloir les incendiaires et les révolutionnaires de métier, condamnés désormais à ne plus sortir de leurs ténèbres.

Plusieurs journaux allemands ont avancé que

l'alliance latine tendrait à faire la guerre aux nationalités des autres races.

C'est de la mauvaise foi; car ils n'ignorent pas qu'il n'y a que le seul ou les seuls gouvernements français qui se sont opposés jusqu'ici au développement national des autres peuples, en commençant par l'Italie, qui est bien la nation latine par excellence.

Dans notre projet d'alliance latine, la question de race est tout à fait secondaire.

Sans doute il est naturel qu'un Italien, un Français et un Espagnol s'entendent facilement entre eux, par suite de l'homogénéité des trois peuples; mais qu'est-ce que la race dans une alliance, à côté du libre consentement, de la situation géographique et des intérêts communs — des intérêts surtout?

Que les trois nations latines se pénètrent bien de cette idée que si elles ne s'accordent pas pour suivre une politique juste et conserver le droit des nationalités, la Russie, profitant de leur discorde, force les Dardanelles et arrive à la Méditerranée; et alors on verra Russie et Allemagne, se donnant la main, s'étendre de la mer du Nord à la Méditerranée et enserrer les nations latines comme dans une camisole de force.

Notre but n'est pas de défendre quand même une race, mais les intérêts et l'indépendance de quatre-vingts millions d'habitants.

Si l'Italie et l'Espagne sont bien pénétrées de leurs intérêts, elles doivent tendre de toutes leurs forces à la réalisation de l'alliance latine; sinon, c'en est fait de leur indépendance : chacune d'elles demeure à la merci des plus forts. Et que l'Italie, pour sa part, ne croie pas que, dans les circonstances présentes, parce que les deux colosses allemand et russe caressent son unité, elle sauvegardera l'intégrité de ses droits : si elle n'est pas menacée immédiatement dans son territoire, elle peut l'être dès aujourd'hui au point de vue des traités de commerce, au point de vue des échanges, au point de vue de ces mille rapports qui constituent la vie d'une nation.

*
* *

Lorsque les *quatre* États latins — car il ne faut pas oublier le Portugal — auront compris l'indispensabilité d'une alliance; lorsque cette alliance sera un fait, il faudra s'entendre sur la politique générale à suivre; et cette entente n'aura lieu que si l'on prend pour base le principe de nationalité dans son sens le plus large, sans acception d'aucun peuple.

Autrement, la France n'ayant à cœur que de se venger de l'Allemagne, cherchera à entraîner dans sa revanche le roi d'Italie, dont les penchants ultra-français lui sont connus, et qui d'ailleurs appréhende de voir arriver l'Allemagne à l'Adriatique. Et en cela la monarchie italienne ferait fausse route, tout autant que la démocratie de ce même pays, en faisant profession de germanomanie. La vérité est dans une justice rigoureuse appliquée à tous, même à l'Allemagne. Quant à l'Espagne, elle ne pourrait rien dans une politique antiallemande, parce qu'il est trop facile à l'Allemagne de la menacer dans sa possession des Antilles par l'intervention des États-Unis.

Ce que l'alliance latine peut légitimement exiger de l'Allemagne pour la France, ce sont des conditions favorables, tant au point de vue du territoire que de l'indemnité de guerre; mais sous la condition première qu'elle-même ne menacera pas l'Allemagne dans sa nationalité; qu'au contraire elle s'unira à elle, au besoin, pour prendre l'initiative d'une grande guerre contre la Russie, qui seule aujourd'hui met en péril l'indépendance des autres États de l'Europe. Et même en supposant que la France n'obtienne pas immédiatement de l'Allemagne ce que l'alliance latine la mettra à même de réclamer, la politique à suivre ne serait pas différente, la Russie devant rester toujours le seul objectif. Que ce soit l'alliance latine qui entraîne l'Allemagne contre la Russie, ou qu'elle suive dans cette guerre l'initiative austro-allemande, le résultat n'en sera pas moins la Russie battue, c'est-à-dire un ennemi très-puissant avec lequel la France n'aura plus à compter. D'ailleurs, l'Autriche étant satisfaite et se mettant hors de cause, l'Allemagne, au cas où elle se refuserait à faire droit aux justes réclamations de la France, se trouverait face à face avec les forces coalisées des trois nations latines, et finirait par s'exécuter. Ah! si les hommes célèbres de la diplomatie française s'étaient donné la peine de lire le journal *la Liberté* après Sadowa, ils auraient appris de M. de Girardin la politique qu'il fallait suivre. Cet écrivain, que les ministres impeccables de l'empire traitaient de paradoxal, leur a fourni en quelques articles autant de leçons de haute politique dont ils se sont bien gardés de faire leur profit.

La revanche de la France doit être surtout morale. C'est par le renversement d'une politique jusqu'ici attentatoire aux droits des nations qu'elle reconquerra son territoire perdu, bien plus que par la force des armes.

Quant au péril qu'il y aurait pour l'Italie à voir l'Allemagne sur l'Adriatique, il est illusoire. L'Allemagne sur l'Adriatique ne serait pas plus dangereuse pour l'Italie que l'Autriche ne l'est aujourd'hui; un port de mer ne suffisant pas pour constituer une marine puissante.

Pour parer à un danger imaginaire, il serait donc très-peu habile à la France et à l'Italie de sacrifier une grande et décisive action politique que, d'accord avec l'Allemagne et l'Autriche, elles pourraient entreprendre contre la Russie. Si, pour son début, l'alliance latine se rapprochait de la Russie dans une guerre contre l'Allemagne et l'Autriche, en admettant même une issue favorable très-problématique, elle perdrait bien plus dans la Méditerranée qu'elle ne gagnerait par une augmentation de frontières. Un port occupé par l'Allemagne sur l'Adriatique ne constitue pas, comme nous l'avons dit, un danger pour la France, l'Italie et l'Espagne; mais si la Russie arrive à se rendre maîtresse des Dardanelles, avec les immenses ressources maritimes dont elle dispose dans la mer Noire, c'en est fait de la domination des trois nations sœurs sur le grand lac qu'on a appelé longtemps *lac français* et qui n'aura même plus la ressource de s'appeler le *grand lac latin*. La Russie régnera en maîtresse sur la Méditerranée, l'Orient sera à elle, et elle mettra la main sur l'isthme de Suez. Mauvaise politique par laquelle se trouveraient lésées dans leurs intérêts les trois nations, outre la honte qu'elles rapporteraient de leur complicité avec les bourreaux de la Pologne.

La Russie est l'ennemie de toute l'Europe; que toute l'Europe s'allie contre elle.

Dans nos trois pays latins nous avons eu jusqu'aujourd'hui une idée très-imparfaite de l'importance de la politique internationnale. Par exemple, dans la crise que traverse la France, crise qui peut décider absolument de son avenir, l'Assemblée a déjà nommé cinquante-commissions pour toutes sortes d'enquêtes, mais pas une seule pour les affaires étrangères ; l'Assemblée, qui est ou s'est faite constituante, ne s'occupe pas le moins du monde si ce qu'elle va constituer doit être ou non favorable à la France, au point de vue des relations extérieures.

La chose en vaut la peine cependant.

Pourquoi n'élit-elle pas, comme aux États-Unis, une commission ou comité des affaires étrangères, qui serait chargé d'examiner la situation de la France en Europe, d'interroger à cet effet les ministres des puissances, et de contrôler par là les actes du ministre des affaires étrangères ? Elle n'ignorerait plus rien de ce qui extérieurement peut intéresser la nation. Il ne faut avoir qu'une confiance justement limitée dans les hommes qu'on a choisis pour gouverner ; et lorsqu'une assemblée surtout a la grande responsabilité de *constituer*, elle ne doit avoir confiance *qu'en elle-même*.

Mais avant tout, il n'y a pas de temps à perdre. Que la France se constitue vite en monarchie ! Par la monarchie elle aura l'alliance latine, et par cette alliance la force et la puissance qui lui permettront d'intervenir selon ses intérêts bien entendus dans les grandes combinaisons politiques en voie actuelle d'élaboration; et en quelques mois elle peut redevenir la grande France d'autrefois, parler déjà avec l'autorité d'une puissance qui se sent soutenue, et avant deux ans amener un revirement si complet dans la politique internationale, qu'elle reprendra son rang en Europe. Sinon elle reste dans l'isolement, et s'en est fait de son avenir.

Ceux qui disent, comme M. Dumas, que la France, par sa seule force, reprendra avant dix ans tout ce qu'elle a perdu et fera de nouveau la pluie et le beau temps dans le monde, ceux-là connaissent bien mal les dispositions de l'Europe à l'endroit de la France.

La France, même battue, était plus forte avant de signer la paix qu'elle ne l'est aujourd'hui; et elle est plus forte aujourd'hui, si elle veut être un peu pratique, qu'elle ne le sera dans dix ans, si elle continue à faire de la politique sentimentale. Et à ce sujet je ne serais pas étonné que M. de Bismarck se montrât très-favorable à l'égard de la France, si elle voulait cesser d'être l'épouvantail des monarchies avec sa république, obstacle impuissant, il est vrai, pour le moment, mais toujours obstacle à l'unification allemande, à la consolidation de l'unité italienne, et peut-être à la reconstitution de la Pologne.

En somme, serait-il si pénible à une France

monarchique de redevenir, avec l'intelligence de la situation, à des sentiments de justice et de générosité qui, par leur seule force, lui rendraient tout ce qu'elle a perdu ou la plus grande partie?

Au lieu de persister dans une politique inepte qui la condamne à assister impuissante à l'agrandissement toujours croissant de ses voisins; au lieu de se voir elle-même exposée à un plus grand démembrement territorial; au lieu de voir autour d'elle disparaître les petits États absorbés par les grandes agglomérations qui sont en voie de s'accomplir, elle pourrait, au contraire, jeter ses regards vers ces provinces du nord qui ne sont pas encore françaises, mais qui le deviendraient du jour où une France puissante et régénérée par une nouvelle politique serait redevenue l'exemple de la justice pour tous les autres peuples.

On me dira probablement que c'est précisément par la république qu'on peut exercer une très-grande influence sur les pays français ou de langue française encore séparés de la France.

C'est oublier que la république ne peut rien, ni moralement ni matériellement, tant qu'elle se trouve en face de grandes monarchies qui l'empêchent de se mouvoir.

Il ne faut pas que la France devienne le Paraguay d'Europe, c'est-à-dire une république sans liberté, sans peuple, sans sympathies et sans influence. Bon nombre de naïfs de très-bonne foi, j'en conviens, continuent à crier : « La plus mauvaise des républiques est préférable à la meilleure des monarchies. »

A quoi je réponds :

« Une monarchie qui affirme aujourd'hui la force et la puissance de la France, assure l'avenir de la république en Europe. »

*
* *

Si, après le 4 septembre, l'Italie et l'Espagne avaient pu intervenir dans les affaires de l'Europe, l'empire latin aurait été proclamé bien avant l'empire allemand, qui ne serait pas aujourd'hui un fait accompli. Mais les antécédents du gouvernement français avaient rendu cette intervention impossible, et la famille latine dut renoncer à la page la plus glorieuse de son histoire.

On me demande souvent si le roi d'Italie aurait les épaules assez fortes pour soutenir, le cas échéant, le fardeau d'un empire.

Il faudrait connaître bien peu ce roi si simple et en même temps si fin, le vrai Henri IV de notre époque.

Oh! il n'invoque pas le droit divin, il ne se croit pas en rapport direct avec la Providence ; il ne fait pas de phrases, il oublie d'être *poseur*. Mais sous des allures bonhomme, quelle finesse, quelle prévoyance, quel immense bons sens ! C'est un homme d'État, et le plus profond de l'Italie. Mon Dieu ! il n'en a pas l'air, mais il voit tout, dirige tout, s'intéresse au moindre événement, et plus d'une fois, par la seule force du bon sens, par le coup d'œil, par l'intuition de la ligne droite, il a trouvé des issues naturelles là où des docteurs en politique seraient encore à se débrouiller dans une impasse.

Depuis vingt-deux ans qu'il règne, après une période non interrompue de révolutions et d'excitations de toute sorte, il peut se vanter de n'avoir pas signé une seule sentence de mort. Et si un jour il arrivait que l'Italie envoyât à la chambre une majorité républicaine, il ne ferait pas répandre une goutte de sang pour rester roi.

Les rois ont des richesses, un trésor de la couronne. Le trésor de la couronne d'Italie consiste, pour Victor-Emmanuel, dans l'affection de son peuple : il règne sur des amis, non sur des sujets. Après des siècles d'existence, la maison de Savoie a l'honneur d'être pauvre.

C'est avec cette noble maison qu'aurait à s'entendre la famille qui sera appelée au trône de France. .

Quelle sera cette famille?

S'il en est trois qui sont en compétition, deux seulement, celle des Bonaparte et celle des d'Orléans, ont des chances sérieuses; Henri V, chef d'une maison sans enfants, devant être logiquement écarté pour cause dynastique.

Un Bonaparte ou un d'Orléans! La cause est donc pendante entre ces deux dynasties, et nous allons préalablement l'examiner sans passion, sans parti pris, laissant de côté, autant que possible, les personnes, pour envisager seulement la question au point de vue que nous nous sommes proposé, l'alliance latine.

Les Bonaparte ont contre eux leur origine; d'ailleurs les moyens dont s'est servi Napoléon III pour arriver à l'empire n'ont pas contribué à leur ramener la sympathie des peuples, des peuples latins surtout.

Doute et méfiance, voilà les sentiments que leur nom suscite aujourd'hui.

Cependant, du coup d'État du 2 décembre à la reddition de Sedan, deux grandes œuvres furent ébauchées, ne furent qu'ébauchées, malheureusement : la Crimée et l'Italie. La campagne de Crimée aboutit à des résultats illusoires contre la Russie, qui en fut à peine affaiblie; d'autre part, la mauvaise politique suivie envers l'Italie enleva à la France tout le bénéfice de ses victoires sur l'Autriche, et abandonna à la Prusse la mission de continuer l'achèvement de l'indépendance italienne.

Bientôt le drapeau libérateur de la France devint le drapeau des esclavagistes aux États-Unis, de la bande Jecker au Mexique et des brigands bourbonniens à Rome.

Résultat : Sedan, Metz et la situation actuelle de la France.

Après cette série de fautes qui ont abouti à un abîme de malheurs, tout portait à croire que les Bonaparte auraient eu le tact de ne pas se présenter de nouveau aux suffrages de la nation.

Il n'en est rien. Les Bonaparte sont tenaces ; ils ont protesté déjà de la pureté de leur conscience et de la bonne foi de leurs intentions, et ils se réservent d'en appeler, le moment venu, à l'amour du peuple français. Pour cela, tout a été mis en œuvre par eux et leurs partisans : argent, promesses, prières, séductions, etc... Ils sentent bien que leur dynastie de fraîche date, qui ne compte que deux règnes établis chacun par usurpation et ayant amené chacun l'étranger en France, ne saurait braver l'effacement d'un demi-siècle. Aussi, comme dit le proverbe, *ils battent le fer pendant qu'il est chaud*. Ajoutez à cela la ténacité que doit apporter à recouvrer son trône une femme sans naissance, qu'un hasard de la fortune *bombarda*, un beau jour, impératrice des Français, et vous comprendrez surabondamment les menées bonapartistes.

Toutefois, au point de vue de l'alliance latine, une entente avec la maison de Savoie paraît d'abord plus facile avec les Bonaparte qu'avec toute autre famille régnante.

En effet, les Bonaparte n'ayant qu'un but, qu'un rêve, qu'une aspiration unique et féroce : rentrer dans leur trône *quibuscumque viis;* d'un côté, subissant la vassalité morale que leur imposera la protection intéressée de l'étranger, qui, parce qu'il a moins à craindre d'eux que de tous autres, pousse à leur restauration ; d'un autre côté, forcés d'accepter les faits accomplis, au nom de la révolution, en Italie et en Espagne ; les Bonaparte, dis-je, par la force des choses, tendront de tout leur pouvoir à l'alliance latine, leur unique moyen de vengeance contre la suzeraineté méprisante de Guillaume. Alors ils résoudront la question de Nice en faveur de l'Italie et se constitueront les gendarmes de la nouvelle dynastie espagnole envers et contre tous les partis qui menacent le trône d'Amédée. Et la maison de Savoie, particulièrement liée aux Bonaparte depuis 1859, n'aura qu'à accepter le bénéfice de la situation.

Mais ce sont là des coteries de famille qui doivent s'effacer devant des considérations plus hautes.

La famille d'Orléans n'est pas de la coterie. Rois en exil, comme ils l'ont été aux Tuileries de 1830 à 1848, alors que sous leur règne la France fournissait à elle seule autant et peut-être plus d'hommes illustres que le reste du monde entier, les d'Orléans, à l'inverse des Bonaparte, savent qu'ils peuvent attendre.

L'honnêteté, le courage, l'instruction, le patriotisme surtout, vingt ans d'exil supportés fièrement, leur entière loyauté envers leurs adversaires politiques, leurs conspirations même dans l'armée de Chanzy pour combattre l'ennemi commun, tout semble les désigner au trône de France, dans le cas d'une restauration.

Pour cela, *un appel au peuple est indispensable.* S'ils acceptaient la couronne des mains de l'Assemblée qui la leur remettrait directement, par crainte des républicains et des bonapartistes, qui, eux aussi, veulent en appeler à la nation, cette illégalité les placerait dans la position la plus fausse; car à un vote de surprise, à un coup de main parlementaire, les bonapartistes seraient autorisés à répondre par un coup de main militaire, et les républicains par une émeute. L'illégalité appelle l'illégalité, et la France se verrait de nouveau plongée dans les horreurs de la guerre civile. Le droit divin est mort; reste le suffrage universel, qui sera tout en faveur des d'Orléans, s'ils veulent formuler un programme et anéantir, par la netteté de leur déclaration, les sottes accusations portées contre eux, qui consistent à en faire des réactionnaires, des représentants quand même des vieux principes. Au moins, ajoute-t-on, si les princes de la famille impériale laissent beaucoup à désirer, leurs hommes d'État, leurs idées politiques et économiques sont bien plus en rapport avec l'esprit moderne que toutes les vieilleries de M. Thiers... Que les d'Orléans s'expliquent donc là-dessus, car s'ils devaient arriver au trône avec les idées politiques de 1845, leur avénement serait le plus grand obstacle à l'alliance latine.

Le duc de Montpensier et Nice, voilà les deux pierres d'achoppement.

D'abord le duc de Montpensier. — Depuis le *pronunciamiento* de Cadix par l'amiral Topete, agent soudoyé du duc, le parti Montpensier s'est recruté en Espagne des débris de l'Union libérale, de quelques réfractaires isabellistes et de plusieurs renégats progressistes. Ce n'est pas un parti encore bien dangereux pour Amédée, mais qui peut le devenir, si le comte de Paris monte au trône de France. Car tout porte à croire qu'alors le duc de Montpensier, qui ne lâche pas facilement ses millions, tiendra à réaliser le bénéfice de l'argent dépensé par lui, en tentant de se faire nommer, sinon roi d'Espagne, au moins régent du prince mineur des Asturies.

Résultat : guerre civile en Espagne, et l'alliance latine devenue impossible.

Puis Nice. — On connaît la politique de M. Thiers à ce sujet, et il est à craindre que les d'Orléans n'en suivent les errements.

Mais à part ces deux causes de suspicion qui

mettent la maison de Savoie en défiance de la maison d'Orléans, le rapprochement se ferait de soi, si elles étaient écartées. Et cette union aurait pour elle l'estime réciproque des deux contractants, le lien moral qui fait les associations saines et vitales.

Voyons, est-il donc si difficile de s'entendre entre gens d'honneur? Deux vieilles familles qui se connaissent de longue date, qu'on retrouve toujours sur la brèche à l'heure du danger et où les princes se battent en personne; voulez-vous, par votre mésalliance, donner raison aux accusations ineptes portées contre cette grande race latine, ragoût de pourriture pour l'hypocrisie puritaine de très-hauts MM. les Anglo-Saxons, qui oublient qu'ils vagissaient encore dans les turpitudes de l'esclavage quand les Latins avaient déjà immolé à la cause de la liberté et de l'indépendance des peuples un si grand nombre de victimes, qu'ils n'auraient qu'à se baisser pour en ramasser des milliers et les leur jeter à la face?

D'ailleurs tout contrat n'entraîne-t-il pas des concessions réciproques? En échange du résultat immédiat que la France retirerait d'une alliance qui lui permettrait de revendiquer l'Alsace et la Lorraine, les d'Orléans ne peuvent-ils répudier hautement toute pretention d'un des leurs au trône d'Espagne, et rendre Nice à l'Italie? Qu'ils songent que Nice, retenue par eux au mépris du droit des nationalités, sera le prix promis par l'Allemagne à l'Italie, pour son concours ou son abstention, dans le cas d'un nouveau conflit franco-allemand.

* * *

De toutes les objections relatives à la rétrocession de Nice, la plus logique, en apparence, serait encore celle ressassée par le journal *le Siècle*, qui s'est montré très-juste envers l'Italie tant qu'il a été rédigé par des *écrivains français*. Cette objection, la voici :

« Il faudrait, pour reconnaître à l'Italie le droit
« de réclamer Nice et la Savoie, remettre les cho-
« ses dans l'état où elles se trouvaient avant la
« cession de Nice et de la Savoie : il faudrait re-
« mettre l'Autriche à Milan, à Venise, à Vé-
« rone, etc... »

D'abord, séparons la Savoie, qui accepte sans protester le fait de son annexion à la France, de Nice, qui, ne voulant pas rester française, demeure seule en cause.

Milan, Venise, Vérone ! Il y a ici confusion. *Le Siècle* ne peut ignorer que ce n'est pas à la France que l'Italie est redevable de ces deux dernières places formidables où la politique impériale laissa l'Autriche après Villafranca, nonobstant la convention de Plombières. Aux termes de son contrat avec l'Italie, la France ne pouvait exiger Nice qu'autant qu'elle aurait expulsé entièrement l'Autriche du *quadrilatère*. Comme elle ne tenait qu'en partie ses engagements, il y avait lieu dès lors de reviser les conditions imposées à l'Italie. Nice, en effet, ne fut pas revendiquée comme prix d'une dette authentiquement contractée. On procéda par intimidation, et la permanence d'une armée française de cent mille hommes en Lombardie pesa singulièrement sur le vote du parlement en faveur de la cession de Nice à la France.

Au point de vue du droit, cette cession est entachée de nullité; et puisque les Niçois, au nom du libre consentement des peuples, demandent la révision d'un plébiscite tout de prestidigitation impériale, cette demande doit être d'autant plus favorablement accueillie que d'abord elle est selon toute justice, et qu'ensuite il n'y a ici en litige qu'un territoire sans importance et qu'un nombre insignifiant d'habitants.

Et qu'on ne perde pas de vue que ce grain de sable qui ne peut enrichir ni appauvrir d'une manière appréciable l'un ou l'autre des contendants, peut devenir la montagne que, par une exploitation habile des brouillons et des mécontents, M. de Bismarck songe à élever entre la France et l'Italie pour empêcher l'alliance latine.

La France, l'Italie, l'Espagne et le Portugal, embrassés d'une étroite union, avec la conscience de leur force et le sentiment de la justice pour les guider dans le sentier de l'honneur, voilà le faisceau qui pourra donner à réfléchir à nos ennemis.

Tenons-nous prêts, faisons-nous robustes. Pour cela, obtenons le plus de liberté possible, démocratisons nos institutions, et avant tout, posons pour base de notre union l'intégrité de nos patries respectives.

Le jour n'est pas loin peut-être où nous pourrons passer de la rue à la tribune pour y proclamer sans tumulte la vraie république. C'est à nous de hâter ce jour. Reprenons donc notre éducation politique, instruisons-nous ; sachons être républicains, plus en actes et moins en paroles ; et lorsque nous aurons payé notre cotisation de propagande, lorsque nous aurons fait nos familles et nos enfants républicains, la république sera fondée sur un granit qui aura pour noms Raison, Liberté, Justice, et non plus sur ces sables mouvants qui s'appellent Passions, Violence, Terreur.

Le monument sera fondé. A nos enfants à couronner et à orner l'édifice ! Leur tâche sera plus douce ; car, instruits par nos soins, ils auront été élevés dans le respect des droits de chacun et dans le sentiment de la solidarité des peuples : grande patrie *collective* formée de patries *respectives intégralement indépendantes*.

*
* *

Si la presse de nos trois pays latins le voulait, quelle mission noble et humanitaire elle pourrait remplir !

Laissons donc de côté, une bonne fois, nos rancunes puériles, nos petits froissements d'homme à homme, qui, sous la plume du journaliste, aboutissent à de grosses injures et à des calomnies de partis. Sous chaque mot blessant se redresse un ennemi qui frappe du même coup son adversaire et le pays. Est-il donc si difficile à des hommes intelligents d'être honnêtes et sages, d'être moins chatouilleux, de montrer moins d'esprit et plus de cœur ? Il n'y a qu'à s'observer, et la transformation se fera d'elle-même. Cette transformation est indispensable à la conclusion de notre belle alliance latine, qui serait déjà chose faite, si nous n'avions pas laissé la parole aux bavards et aux grinceux, et si nous nous en étions moins rapportés aux *on dit* des intrigants.

Un congrès de journalistes serait utile. Il pourrait se tenir à Paris. La presse française, italienne, espagnole et portugaise devrait y être représentée ; et avec une pleine et entière indépendance pour chaque membre, on arriverait facilement à s'entendre sur la politique générale à suivre pour préparer les voies à l'alliance latine. Le rapprochement détruit bien des préjugés : on se voit, on cause, les objections tombent d'elles-mêmes devant des explications loyales données de bouche à bouche ; on s'est compris, on s'est aimé, on s'est estimé ; bref, on peut s'entendre.

Essayons au moins. Qu'on ne puisse pas dire de nous que nous avons passé à côté d'un moyen qui aurait été profitable à la cause dont je me fais ici l'avocat.

*
* *

Pour terminer, à ceux qui argumenteraient de ma qualité d'étranger pour me dénier le droit de plaider cette cause en France, je répondrai :

« Cet étranger aime la France ; dès l'enfance il a appris à l'aimer par son père, officier supérieur de la grande armée. Il aime la France parce qu'elle a été bonne et généreuse et parce qu'elle est restée encore telle en dépit de tous les malheurs où l'a précipitée l'inintelligence politique de ses gouvernements. Il aime la France, la grande, la vraie France, et non pas celle des soudards et des chauvins qui ne rêvent que conquêtes et font mépris des nationalités. Il aime la France parce qu'elle est malheureuse, parce que, si elle a commis des fautes, l'expiation a été terrible et qu'elle en est sortie purifiée. Il l'aime parce qu'il a souffert avec elle de ses immenses infortunes, parce que, dans cette dernière guerre, il a vu des flots de sang, et, chose plus terrible, des flots de larmes ; parce que, dans le cours de ses voyages, c'est encore au sein de familles françaises qu'il a trouvé des consolations intimes à ses souffrances personnelles, des trésors de bonté pour toutes ses misères. Il aime enfin la France parce qu'à la suite de ses derniers désastres, les charlatans et les puritains hypocrites lui ont jeté la pierre, attribuant à la *nation* les vices qui étaient d'une *époque;* il l'aime surtout parce que la *grande séduite* et la *grande tombée*, comme l'a appelée M. Veuillot, se relèvera régénérée et redeviendra la bonne France des jours meilleurs : et sur ce point sa conviction est si profonde qu'il donnerait toutes les pages de l'histoire ancienne pour une poignée de main échangée entre la France et l'Italie.

Il faut que nous cessions d'être les valets d'un passé de guerres et de rancunes, pour devenir les précurseurs d'une ère de paix, de liberté et de justice.

PIÈCES JUSTIFICATIVES.

Premier memorandum présenté par M. C. Orsini à la délégation du gouvernement de la défense nationale à Bordeaux.

L'empire avait réussi en partie à faire oublier aux Américains les grands services que la France leur avait rendus pendant la guerre de l'indépendance des Etats-Unis contre la domination anglaise.

Les calomnies, les intrigues, les menaces et les fanfaronnades de tout genre des agents de l'empire, surtout pendant la guerre du Mexique, avaient tellement indisposé les Américains que, à la déclaration de guerre entre la Prusse et la France, toutes les sympathies étaient pour la Prusse.

Il faut ajouter à cela que la population allemande est très-nombreuse et qu'elle prend une part active à la vie politique des Etats-Unis, ce qui la fait tenir en grande considération par les hommes d'Etat de ce pays. La communauté de religion établit aussi des liens de sympathie entre les deux peuples. Les Français, au contraire, ne veulent à aucun prix s'intéresser aux affaires du pays qu'ils habitent, et cette abstention leur fait perdre beaucoup de l'importance qu'ils devraient avoir par leur tradition et par leur industrie, qui est très-importante à New-York surtout.

Le gouvernement des Etats-Unis s'était donc montré, depuis le commencement de la guerre, très-hostile à la France.

Mais il faut reconnaître qu'un changement *radical* d'opinion s'est opéré, sinon de la part du gouvernement, du moins de la part du peuple, sans distinction de *classe*, après la proclamation de la république à Paris.

Le *Times*, l'*Evening Post*, le *Sun*, le *Standard*, l'*Evening Mail*, le *Commercial Advertiser* étaient, avant Sedan, chauds partisans de la Prusse. Depuis le 5 septembre, ils sont devenus les soutiens les plus sincères et les plus dévoués de la république française. Il faut observer que ces journaux sont les plus importants de New-York, et qu'il y a en outre aujourd'hui dans les Etats-Unis trois ou quatre journaux *américains* qui servent la cause française avec intelligence et désintéressement.

Le changement qui s'est fait dans la presse s'est fait aussi dans le peuple. Il faut bien reconnaître qu'un peuple comme l'Américain, élevé dans les principes républicains, ne peut pas rester indifférent à la naissance d'une nouvelle république, surtout quand cette république remplace le pouvoir qui fut l'ennemi le plus acharné des Etats-Unis.

En dehors de la population américaine, il faut tenir compte aussi de l'enthousiaste sympathie des Irlandais, qui représentent un sixième de la population des Etats-Unis.

Les Américains amis de la France, les Irlandais et les Français républicains habitant les Etats-Unis forment un ensemble qui offrirait des ressources incalculables, si les représentants du gouvernement français avaient agi en patriotes, et si, à l'instar des agents allemands, ils avaient pris l'initiative de toutes les mesures qui pouvaient venir en aide à la France. Pas une réunion, pas une souscription, pas une organisation quelconque, rien en un mot n'a été fait sur l'initiative des représentants de la France. On a fait quelque chose, c'est vrai, à la suite de l'exemple donné par la société de bienfaisance de San-Francisco. On a recueilli et envoyé une somme peut-être de un million de francs. On comprendra aisément que c'est un résultat assez mesquin; mais il ne pouvait être autre, parce que les organisateurs étaient les mêmes individus qui avaient trop exclusivement soutenu l'empire, par conséquent isolés et méprisés par la majorité de la population française et détestés par les Américains.

Si les agents ou représentants du gouvernement français s'étaient bornés à ne rien faire, ce serait une grave faute dans les circonstances actuelles; passe encore cependant. Mais ils ont mal fait et ils continuent, on pourrait presque le croire, à faire encore plus mal.

D'abord les agents nommés par l'ex-gouvernement impérial ne peuvent être que nuisibles à la cause de la république, lors même qu'ils seraient intelligents et dévoués, et ce n'est pas le cas.

Le consul général de France à New-York conserve dans ses bureaux les portraits de l'ex-empereur et de l'ex-impératrice. Dans ses conversations intimes il s'exprime (comme il l'a fait avec un employé des Transatlantiques que je nommerai au besoin) dans les termes les plus défavorables à l'état actuel des choses; il continue à porter aux nues le gouvernement déchu, et il n'a pas encore payé en quoi que ce soit son obole à la grande cause de la défense nationale.

Pour le simple contrôle des contrats faits par la commission d'armement avec les fabricants, le consul général de France perçoit une commission qui eût été épargnée, si l'on avait chargé de ce soin quelque grande maison française renommée pour sa moralité exemplaire et pour sa position commerciale, et qui aurait prêté son concours avec intelligence et dévouement pour le bien de la France.

Enfin, à part ces détails, on peut accuser le consul de prévarication, de négligence, d'ineptie et de mauvais vouloir. Il y a un fait certain, général, qui devrait suffire à lui seul pour commander le remplacement immédiat de ce fonctionnaire impérial. Jamais il n'a voulu écouter aucune proposition, ni assister à aucune réunion, ni être intermédiaire auprès du gouvernement français, des offres, projets ou plans qui étaient faits par les amis de la république, et qui, dans les circonstances que nous traversons, méritaient, sinon d'être acceptés d'emblée, au moins d'être discutés et soumis à qui de droit.

M. Serrott, commerçant très-distingué de Lyon, avant de partir pour l'Europe, se présente chez M. le consul de France et lui demande un passe-port nouveau, parce que, disait-il, il ne voulait plus être considéré comme sujet de l'empereur. M. Place lui répondit : « Gardez, gardez l'ancien passe-port, il vous sera bien plus authentique. »

On pourrait écrire un volume si l'on voulait exposer tous les actes hostiles au nouveau gouvernement français commis par M. Place.

La seule organisation vraiment nationale des résidents français aux Etats-Unis, quoique composée en majeure partie d'ouvriers, est la grande société l'Union républicaine de langue française, qui a des ramifications dans tous les Etats de l'Union. Si cette société était secondée et non entravée par les représentants de la France, elle pourrait rendre d'immenses services, parce que c'est la seule qui soit considérée en Amérique, étant presque entièrement composée de Français naturalisés Américains.

Je termine en déclarant qu'avec de l'énergie et avec l'appui moral du gouvernement de la république, on peut obtenir des dons considérables d'armes, des placements de la rente française, non comme opération financière, mais comme prêt patriotique, placements assez considérables pour faire face aux achats d'armes, artillerie, viandes salées, etc., etc... On pourrait aussi, dans le cas où la marine française ne voudrait pas s'y prêter, armer un ou deux navires et saisir quelques-uns des steamers allemands qui partent régulièrement de New-York pour Brême et Hambourg, chargés d'armes, marchandises et argent appartenant à des Allemands, sans être nullement inquiétés par nos navires de guerre, qui se tiennent tranquillement à l'ancre.

Je me tiens à la disposition du gouvernement pour lui fournir toutes les explications qui lui paraîtraient utiles, et je serai heureux de lui prêter tout le concours qu'il pourra désirer.

Deuxième memorandum.

Après les longues conversations que j'ai eues avec plusieurs membres du gouvernement de la défense nationale; après connaissance prise du *memorandum* que j'ai adressé à ces messieurs, *memorandum* relatif aux dispositions des esprits dans les Etats-Unis et au parti que l'on pourrait tirer des ressources fournies par les sympathies que témoigne à la France l'immense majorité des habitants de ce pays; nous sommes tombés d'accord sur ce point, qu'il était de nécessité absolue, dans les circonstances où se trouve la France et pour l'avenir de la république, de resserrer le plus étroitement possible les liens d'amitié et de solidarité qui doivent unir ces deux grandes nations.

Mais, d'un autre côté, les importantes et nombreuses occupations qui incombent au gouvernement, la sublime mission qu'il a acceptée de délivrer le sol de la France des hordes étrangères qui le souillent et le ruinent, ne lui permettant pas de distraire un seul de ses instants de tout ce qui ne se rattache pas immédiatement à ce but patriotique, j'ai l'honneur de proposer aux membres du gouvernement de la défense nationale le projet suivant d'organisation, aux Etats-Unis, de ce que j'appellerai la solidarité républicaine.

Comme chacun le sait, dans ce grand pays libre, le gouvernement, n'étant que l'expression de l'opinion publique, est obligé de suivre, à l'intérieur comme à l'extérieur, la politique indiquée par cette voix de la majorité des peuples, qui, à son tour, s'éclaire de la parole de ses orateurs, de la plume de ses écrivains.

Or l'intérêt de la France, et dans le cours de cet exposé j'aurai l'occasion de l'affirmer plus d'une fois, est de se rendre aussi favorable que possible cette opinion publique aux Etats-Unis, que l'empire, on le dirait, avait pris à tâche de nous alliéner, non-seulement en Amérique, mais encore chez tous les peuples.

L'intérêt de la France est de voir changer la politique officielle de Washington, de se sentir appuyée de l'alliance du peuple américain, alliance qui devrait se traduire, non plus par des rapports bienveillants, mais bien par un concours effectif.

Le gouvernement est mieux à même de juger que personne de quel prix serait, dans les conditions actuelles, le changement de la politique russe à l'égard de la Prusse, de séparer, s'il était possible, les intérêts de ces deux pays, ou du moins de retirer à la Prusse l'appui moral que lui prête la Russie.

Et, mieux que personne encore, le gouvernement sait aussi que les États-Unis seuls sont capables d'accomplir un pareil changement, à cause de la solidarité d'intérêts qui depuis tant d'années unissent les Américains aux Russes, solidarité qui n'a d'autre objectif que la ruine de l'influence anglaise. Les moyens que je vais avoir l'honneur d'exposer au gouvernement nous conduiront logiquement à ce résultat si désirable, qui n'est pas le seul que l'adoption de mes projets fera naître.

En première ligne, et comme base fondamentale, je pose l'organisation de comités franco-américains qui prendront le nom de comités de solidarité républicaine. Ces comités seraient organisés sous la direction et le contrôle de M. le ministre plénipotentiaire de France à Washington, et de M. le consul général de France à New-York. Ils seraient établis dans les principales villes des Etats-Unis, avec sous-comités dans les villes de second ordre, et des correspondants jusque dans les plus petits villages. Les membres de ces comités seraient principalement choisis dans les trois nationalités suivantes, dont une a un intérêt immédiat au succès de la France, et dont les deux autres donnent tous les jours des marques touchantes de leur sympathie et de leur dévouement à la république française : 1° les *Américains;* 2° *les Français;* 3° *les Irlandais.*

Il est inutile d'ajouter que la grande société de l'Union républicaine de la langue française, fondée par les citoyens français Mercadier, résidant à Saint-Louis; Debuchy, Navière, Pelletier et Buisson, résidant à New-York, et composée de membres parlant français, tous chauds partisans de la cause que vous défendez si héroïquement, rentrerait dans la nouvelle organisation. Les sociétaires nous seront en outre d'un très-grand secours par eux-mêmes, par leurs richesses considérables, par leurs relations, en un mot par l'influence dont il jouissent aux États-Unis.

1° La part que prendraient les Américains dans ces comités serait immense. Les hommes les plus influents de la presse et de la politique américaine nous prêteront leur concours, je puis l'assurer; ils seront, bien entendu, membres de ces comités.

Je connais les membres du congrès les plus célèbres, ceux qui ont une action plus décisive sur les affaires du pays, et je peux garantir qu'à l'exception du sénateur allemand Charles Schutz et de ses amis intimes, tous les autres saisiront avec empressement cette occasion de prouver leur dévouement à la république européenne, dont la France est aujourd'hui le glorieux porte-drapeau et dont elle est la base fondamentale.

Je n'insiste pas sur les immenses résultats qu'amèneront de pareils hommes, dès le moment où ils se dévoueront activement, ouvertement, à la cause française.

2° En vue du concours qu'on peut attendre des Français, on choisirait parmi eux, pour en faire les membres de nos comités, les hommes qui, par leur passé, leurs convictions républicaines, leur intelligence et leur dévouement, ont toujours fait respecter le nom français, même dans les plus mauvais jours de l'empire.

3° Les Irlandais seront un appui très-puissant pour la France, dont tous ils embrassent la cause avec ardeur. Ils jouissent aux Etats-Unis d'une immense influence, par leur nombre d'abord, qui est très-considérable, et par les grandes richesses de leurs établissements commerciaux. Parmi les plus dévoués et les plus actifs partisans de la France nous devons mettre en première ligne le célèbre négociant irlandais A. Stewart, dont la fortune, chacun le sait, s'élève à plus de 130 millions de dollars (750 millions de francs).

Les comités de solidarité républicaine établis aux Etats-Unis auraient un double but.

Un but ostensible, avoué, connu du public, au nom et au profit duquel ils agiraient, tels que :

1° De recevoir tous les dons d'armes, fusils, canons, obus, engins et moyens de destruction de toutes espèces ; d'accueillir et d'étudier toutes les inventions de cette nature qui pourraient se produire; de faire parvenir ces dons et d'informer le gouvernement français;

2° De recevoir les souscriptions en argent, de les provoquer, de les stimuler, de les encourager chez tous les amis et partisans de la France, et de les faire parvenir;

3° De se procurer des vivres en nature, tels que farines, céréales de toutes espèces, viande de boucherie, de salaisons de porc ou de bœuf, en un mot tout ce qui peut prévenir la disette en France et servir à sustenter nos armées;

4° De faire parvenir au gouvernement français tous les projets, toutes les offres d'organisation et d'invention, en un mot tout ce que peut produire au profit de la France l'initiative individuelle et collective;

5° D'examiner les conditions de l'agriculture aux Etats Unis, et, en prévision de l'avenir, de s'informer de la quantité de semences disponibles, de leur qualité et prix, de renseigner sur tous ces détails le ministre du commerce et de l'agriculture.

Le but que j'appellerai secret, mais qui n'est que le résultat indirect de cette organisation, au moyen de laquelle nous arriverons à nos fins, s'obtiendrait :

1° Par des réunions publiques presque quotidiennes, se produisant sur toute la surface du territoire des provinces unies, réunions dans lesquelles les plus grands orateurs américains et les hommes éminents du pays développeront avec l'autorité de leur parole le grand programme de la solidarité républicaine, et la nécessité pour les Etats-Unis d'ouvrir une politique nouvelle en faveur de la France;

2° Par la presse, qui, dans ce grand pays où tout se fait au jour de la publicité, est un élément de succès très-important, et qui est capable, par sa seule force, de nous faire arriver à notre but : je veux parler de la presse qui est entièrement favorable à la république française, et qui, par conséquent, par ses articles, par ses comptes rendus, ses appréciations, viendrait nous apporter une nouvelle force, toujours croissante et persistante.

La parole et la plume serviraient la cause de la France, celle du droit et de la justice, celle de la civilisation. Avec des moyens aussi puissants de publicité, j'ose l'affirmer, si le gouvernement adopte cette organisation, en moins de deux mois de temps nous obtiendrons ce résultat si désiré et auquel les ministres n'ont pas osé penser, tant il leur paraissait difficile à acquérir : un revirement complet de la politique officielle de Washington vis-à-vis la France. Et ici j'ai l'occasion d'appuyer sur ce que j'ai déjà dit au commencement de cet exposé, à savoir que si l'on observe les conditions actuelles de l'Europe, en tenant compte de l'étroite union d'intérêts qui existe entre la Prusse et la Russie, et de l'influence des Etats-Unis sur la Russie, on verra que le gouvernement de la défense nationale, depuis la proclamation de la république, aurait dû inaugurer une politique nouvelle plus en rapport avec les conditions où se trouve actuellement la France.

Je prévois ici une objection qui, à proprement parler, n'en est pas une, puisqu'elle respecte mon projet d'organisation dans son entier, et ne porte que sur une question de convenances.

Une pareille organisation, me dira-t-on, devrait

être le résultat de l'initiative individuelle, et le gouvernement, restant neutre, n'y prendrait aucune part active.

Je répondrai d'abord que, premier intéressé dans la question, le gouvernement se doit au moins le soin de s'en occuper, sans craindre en cela de blesser les susceptibilités des partisans de l'Allemagne aux États-Unis. Le gouvernement prussien a si bien compris de quelle haute importance, dans la guerre actuelle, était l'opinion américaine, qu'il n'a pas craint de mettre en campagne ses représentants officiels. Le baron Gérold, ministre plénipotentiaire de la confédération du Nord, est à la tête de tous ces meetings organisés par les Allemands, qui ne se sont pas arrêtés là ; ils ont créé des comités qui fonctionnent sous le patronage des autorités prussiennes accréditées auprès du gouverment de l'Union.

En présence d'une semblable situation, croit-on l'initiative individuelle assez puissante pour accomplir une œuvre aussi colossale ? Non.

Il importe de contre-balancer l'influence allemande et de lutter avec elle au moins à forces égales : puisque le gouvernement prussien est sorti ouvertement de la neutralité, dans un pays neutre, que le gouvernement français ne recule pas.

C'est une question de vie ou de mort.

Nos comités tireront parti des ressources de tout genre que les sympathies des Américains ont créées et continueront à créer. Sous la direction des représentants officiels de la république française aux États-Unis, ils obtiendront, malgré l'infériorité du nombre de la population française, des résultats bien supérieurs à ceux que les Allemands peuvent espérer obtenir. La France représente l'idée républicaine ; la Prusse, l'idée monarchique ; et la bataille se livre sur le territoire d'une république.

Je ne m'arrêterai pas plus longtemps sur cette question, et je terminerai en disant que jamais l'initiative individuelle ou collective n'aura par elle-même le poids que lui prête le concours ou tout au moins l'approbation du gouvernement.

Je ferai sentir, en terminant, quels résultats immenses, incalculables, on peut obtenir, dans le cas où la guerre continuerait, à tous les points de vue, et principalement pour tout ce qui a rapport aux vivres, aux munitions de guerre et surtout aux inventions, que toujours nous nous efforcerons de connaître les premiers.

Si la guerre ne continuait pas, toute cette organisation n'aurait d'autre but que le soulagement des misères, conséquences fatales de l'invasion prussienne ; et malheureusement ce ne serait pas là la partie la plus légère de notre tâche ; mais nos comités continueront toujours, en prévision de l'avenir et pour la propagande des idées républicaines, à jeter les bases d'une étroite alliance entre les deux peuples.

Je terminerai en faisant valoir cette considération qui a son importance : le temps presse, et il nous faut une prompte solution.

PARIS. — E. DE SOYE ET FILS, IMPR., 5, PL. DU PANTHÉON.

www.ingramcontent.com/pod-product-compliance
Lightning Source LLC
Chambersburg PA
CBHW070523100426
42743CB00010B/1921